가 보지
않은 길

Be not Afraid

Copyright ⓒ by Johann Christoph Arnold.
Orginally Copyright ⓒ 2002 by The Plough Publishing House of The
Bruderhof Foundation.
All rights reserved.

Farmington, PA 15437 USA.
Robertsbridge, E. Sussex, TN32 5DR UK.

This Korean Edition Copyright ⓒ 2010 by Miso Books, Seoul, Republic of
Korea.

본 저작물의 한국어판 저작권은 미소북스에 있습니다. 신 저작권법에 의하여 한국 내에서 보호받는 저
작물이므로 무단전제와 복제를 금합니다.

가 보지
않은 길

초판 1쇄 2012년 2월 27일

지은이 **요한 크리스토프 아놀드**
옮긴이 **이현주**
펴낸이 **백건택**
디자인 **디자인채이**

펴낸곳 **미소북스**
출판등록 제305-2010-000031
주소 서울시 동대문구 전농동 60-292
전화 02-2245-1860
smilebooks@hanmail.net
ISBN 978-89-965328-1-1 03230

가격은 뒤표지에 있습니다.

삶, 죽음 그리고 영원

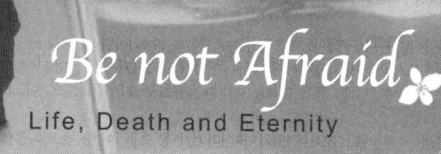

Be not Afraid
Life, Death and Eternity

가 보지 않은 길

요한 크리스토프 아놀드 지음 | 이현주 옮김

미소북스
Miso Books

하나님이 우리를 사랑하시는 사랑을
우리가 알고 믿었노니
하나님은 사랑이시라
사랑 안에 거하는 자는 하나님 안에 거하고
하나님도 그의 안에 거하시느니라
이로써 사랑이 우리에게 온전히 이루어진 것은
우리로 심판 날에 담대함을 가지게 하려 함이니
주께서 그러하심과 같이
우리도 이 세상에서 그러하니라
사랑 안에 두려움이 없고
온전한 사랑이 두려움을 내쫓나니
두려움에는 형벌이 있음이라
두려워하는 자는 사랑 안에서
온전히 이루지 못하였느니라

요한일서 4:16~18

차례

이 책을 읽는 분들에게 ……………………………………… 8
프롤로그 …………………………………………………… 15

Part 1. 토대

| 1장 | 토대 Foundations ……………………………… 23
| 2장 | 두려움 Fear ……………………………………… 40
| 3장 | 절망 Despair …………………………………… 51
| 4장 | 아기의 죽음 Losing a Baby ……………………… 63
| 5장 | 경외감 Reverence ……………………………… 73

Part 2. 준비

| 6장 | 어린아이 같은 영혼 The Childlike Spirit ………… 85
| 7장 | 예상 Anticipation ……………………………… 97
| 8장 | 준비 Readiness ………………………………… 106
| 9장 | 뜻밖의 사고 Accidents ………………………… 118
| 10장 | 현대의학을 넘어서 Beyond Medicine ………… 130

Be not Afraid

Part 3. 치유

| 11장 | 하나님의 손에 In God's Hands ······ 141
| 12장 | 고통 Suffering ······ 150
| 13장 | 믿음 Faith ······ 165
| 14장 | 용기 Courage ······ 178
| 15장 | 치유 Healing ······ 191

Part 4. 부활

| 16장 | 돌봄 Caring ······ 205
| 17장 | 임종 Dying ······ 215
| 18장 | 슬픔 Grief ······ 227
| 19장 | 부활 Resurrection ······ 242

에필로그 ······ 253

이 책을 읽는 분들에게

● 첫 번째 글

저는 몇 달 전 사형선고를 받은 사형수입니다. 이 책의 저자로부터 죽음이라는 주제에 대하여 글을 써달라고 부탁을 받았을 때 솔직히 좀 당황했습니다. 죽음이란 것은 제가 주저하지 않고 쉽게 받아들이기 힘든 주제였기 때문입니다. 그 부탁에 응한 이유는 단지 저자와 오랜 시간 힘겨운 일들을 함께하며 쌓은 신뢰 때문이었지만, 지금 생각해 보면 잘한 일이라 생각됩니다.

이 책은 살아있는 모든 존재가 직면해야만 하는 죽음에 대해 단순하고도 깊이 있는 내용을 담고 있습니다. 저자는 스스로를 작고 부족하다고 소개하지만, 삶의 위안을 찾는 이들에게는 귀한 진주 같은 한 공동체의 깊은 체험이 있습니다.

몇 주 후에 자식을 영원히 떠나보내야 하는 사실을 알고 옷가지를 정리하는 어머니의 이야기, 에스더라는 아이의 가슴 아픈 죽음의 사연 등 이 책의 이야기들은 울지 않고 읽기가 어렵습니다. 또한 이 책은 노인들을 무가치하게 여기며 안락사를 사회적으로 용인하는 분위기를 날카롭게 지적하고 있습니다. 이 책에는 사랑을 아는 어린이들의 기쁨에 대한 이야기와 갓 결혼한 아내가 죽음을 앞두고 남편을 위해 쓴 사랑의 시도 담겨있습니다.

책의 곳곳에서 공동체의 존재와 힘을 느낄 수 있고, 공포와 고통과 상실감에 직면한 이들이 믿음으로 인내하는 모습들이 감동적으로 그려져 있습니다.

저자는 흑인 민권 운동 당시 일어났던 국가의 폭력을 기억하면서, 그리스도의 말씀은 무장한 미치광이들의 힘센 정부가 아니라 가난한 자들과 억압받는 자들 가운데에서 실현되고 있다는 것을 말하고 있습니다.

또한 인간적이면서도 신적인 사랑의 존재가 어떻게 살 만한 세상을 만들고 죽음을 두렵지 않게 만드는지를 보여주는데, 이것은 '공동체'라는 단어가 그저 '동네'라는 단어와 동일시되어 버리고, 죽음과 두려움이 국가적인 병이 되어 버린 시대에 참으로 소중한 메시지입니다.

언뜻 보기에는 이 책의 중심 주제가 죽음처럼 보일지 모르지만 저자가 나타내고자 한 핵심은 삶에 대한 것입니다. 가족적이며 공동체적인 삶 말입니다.

이 책은 심금을 울리는 책입니다. 저자 크리스토프 아놀드는 자신이 작가가 아니라고 여러 차례 말했지만 그는 마음과 혼으로 글을 쓰는 참된 작가입니다.

무미아 아부자말

● 두 번째 글

　어느 날 저녁이었습니다. 아이들이 숙제를 하고 있는 동안 저는 책상에 앉아 글을 쓰고 있었는데, 고등학교 다니는 이웃사촌 밥이 집에 찾아와 다짜고짜 저에게 질문을 던졌습니다.
　"아줌마는 죽음이 두려우세요?" 저는 책상에 앉아 돌아보지도 않은 채 대답했습니다.
　"그럼, 물론이지, 밥." 그러자 그 애는 의자에 털썩 주저앉으며 한숨을 내쉬었습니다.
　"휴우, 다행이다. 그런데 왜 다른 사람들은 그것을 인정하지 않으려고 하는지 모르겠어요!"

　죽음은 변화입니다. 그리고 변화도 일종의 도전이기에 늘 두려움이 따르기 마련입니다. 우리가 그 두려움을 인정할 수 있을 때 비로소 그 도전을 받아들일 수 있게 되고, 우리 마음 깊숙이 정말 두려워하지 않는다는 확신을 가질 수 있게 되는 것입니다.
　《가 보지 않은 길》은 신앙이 깊은 사람에게조차 두려움을 일으키는 죽음을 담대하게 맞이한 사람들에 관한 놀라운 책입니다. 믿음이 깊어질 때 두려움을 인정하게 되고, 더 나아가서 하나님은 기쁜 일뿐만 아니라 슬픈 일을 통해서도 역사하신다는 사실을 알 수 있게 됩니다. 또한 불의의 사고와 질병이 우리를 낙담하게 할지는 모르지만, 하나님은 결코 우리를 실망시키지 않으신다는 것을 이해하게 됩니다.

저는 이 책이 피조물에 대한 사랑의 계획에서 시작된 하나님의 역사하심과 그분이 주신 귀한 선물인 자유의지를 남용하고 있는 인간의 모습을 문제로 다루어 준 것을 고맙게 생각합니다. 수많은 아이들의 무고한 죽음이 하나님의 책임은 아니니까요.

하지만 하나님은 모든 일에 관여하실 수 있습니다. 소름이 끼칠 정도로 끔찍한 일에도 말입니다. 하나님은 우리가 그 모든 일을 견딜 수 있도록 도와주시고 브루더호프(유럽과 미국에 있는 초대 교회의 실천을 기초한 공동체)나 그보다 작고 부족한 교회일지라도, 우리가 공동체 속에서 살아가면서 그 모든 일들을 받아들일 수 있도록 도와주십니다.

현대 사회는 죽음을 두려워합니다. 이는 하나님께 중심을 두지 않을 때 휩싸이는 끔찍한 두려움입니다. 이 시대는 죽음이 무슨 전염병인 것처럼 임종을 앞둔 사람들을 격리시키려고 합니다. 그러나 우리 모두는 언젠가 죽음을 맞이합니다. 거기에는 누구도 예외가 될 수 없습니다. 인간이 홀로 외롭게 죽음을 맞이하는 것은 하나님의 뜻이 아닙니다.

남편이 죽음을 맞이하는 순간을 옆에서 함께할 수 있었던 것은 저에게 주어진 특권이었습니다. 인생에 있어 가장 중대한 전환을 겪는 사람 곁에 함께할 수 있다는 것은 은혜입니다. "죽음을 두려워하느냐?"는 밥의 물음에 "물론이지!"라고 대답한 것은 단순한 두려움이나 공포가 아닌, 감히 직면하기 두려운 경외감을 말하고 싶었던 것 같습니다. 남편이 세상을 떠났을 때 누군가가 이 아름다운 책을 저에게 주었더라면……

이 책은 생명과 죽음에 대하여 경의를 표하고 있습니다. 또한 지극한 사랑으로 우리를 창조하신 하나님께 영광을 돌리고 있습니다. 예수님이 이 땅에 오신 것은 우리와 함께 계시면서 어떻게 살아야 하고 죽어야 하는지를 보여주시기 위함이었습니다. 그것은 곧 사라질 덧없는 것을 넘어서 하나님의 사랑에 들어가는 영원한 생명과 부활을 보증하시기 위함이었습니다.

마더레인 엥글/고센시에서

프롤로그

당신에게 죽음은 두려운 일입니까? 당신의 주변에는 혹시 죽음에 대한 두려움으로 시달리고 있는 사람이 있나요? 배우자나 부모 혹은 자식을 잃고 어떻게 살아가야 할지 망연자실하고 있지는 않나요? 당신이 사랑하는 사람이 병에 걸려 죽음을 기다리고 있나요? 모든 사람은 살아가면서 죽음이란 것에 직면하게 되고, 의식하든 못하든 이런 질문과 마주하게 됩니다. 제가 이 책을 쓴 것도 이 때문입니다.

아무도 피할 수 없으며 모든 삶의 마지막에 드리워져 있는 것이 죽음입니다. 지금의 세대는 할아버지 세대보다 수명이 길어지고 영양도 풍부하며 유아사망률도 급격히 감소했습니다. 어릴 때 걸리던 치명적인 전염병들은 이제 거의 다 사라지고 최첨단 의학 장비들이 과거에 불가능했던 치료들을 가능하게 만들었습니다. 그럼에도 불구하고 인간이 피해 갈 수 없는 것이 죽음입니다.

과거에 많은 사람을 죽게 했던 전염병들은 사라졌지만 자살과 낙태, 이혼과 중독, 인종차별, 기아, 폭력, 군국주의가 현대의 수많은 사람들을 죽음으로 내몰고 있습니다. 우리는 지금 죽음의 문화 속에 살아가고 있는 것입니다.

죽음의 문화는 또한 두려움의 문화이기도 합니다. 나이 드는 것을 두려워하는 이 세대는 노인들을 양로원에 가둡니다. 범죄를 두려워하여 총과 튼튼한 자물쇠로 자신을 보호하려 합니다. 나와 다르거나 수준이 맞지 않는 사람을 두려워하여 특별 단지나 특수경비구역으로 이사를 가거나, 다른 국가를 두려워하여 제재를 가하고 폭탄을 떨어뜨립니다. 이 글을 쓰는 순간에도 두려움은 테러와 생화학 전쟁, 여객기 추락 등으로 수백만 명의 사람들을 죽음으로 내몰고 있습니다.

성인들은 심장병이나 뇌졸중으로 고생하고 에이즈와 같은 새로운 질병이 계속 생겨납니다. 획기적인 치료법이 끊임없이 개발되고는 있지만 암의 저주는 여전히 우리를 사로잡고 있습니다. 교통사고가 젊은이와 노인들의 생명을 앗아갔고, 자살률은 하늘 높은 줄 모르고 치솟고 있습니다.

이에 더하여 생명은 점점 더 값 싼 취급을 당하고 있습니다. 이것은 단순하게 거리에서 벌어지는 총격사건이나, 언제 어디서 일어날지 모르는 테러사건만을 두고 하는 말이 아닙니다.

현 시대는 죽음의 공포에 사로잡혀 있습니다. 정부는 해마다 국가방위 예산을 늘리고, 더 크고 삼엄한 교도소를 지어서 범죄자들을 사형시킬 새로운 명분을 만들어 내기에 바쁘지만 그런 것들이 사회를 더 안전하게 만들기는커녕 오히려 폭력과 죽음의 문화를 확고하게 할 뿐입니다.

어쩌다가 인류가 이런 길로 들어서게 되었나요? 히로시마 원폭 투하와 홀로코스트가 일어나기 전, 바로 1차 세계대전이 일어나기 전, 20세기 초에 이미 독일 철학자 프리드리히 니체Friedrich Nietzsche는 경고했습니다. 니체는 누구도 알아채지 못한 재앙을 미리 감지하고 세상의 급속한 전락이 신을 버린 것과 직접적인 관련이 있다고 암시합니다.

신을 파묻기 위해 무덤 파는 자들의 소리가 들리지 않는가? 신은 죽었다! 우리가 신을 죽였다! 우리가 어떻게 살인자 중의 살인자인 자신을 위로하려 드는가? 가장 거룩하고 전능한 분이 우리 칼에 맞아 피 흘려 죽었다. 누가 우리에게서 그 피를 닦아 낼 것인가? 어떤 물로 우리를 깨끗하게 할 수 있단 말인가?

니체는 신神이 단지 죽기만 한 것이 아니라 완전히 의미를 상실했다고 말하고 있습니다. 지난 수십 년 동안 보아왔듯이 신의 의미 상실로 나타나는 한 가지 결과는 바로 우리 자신의 모습입니다. 일단 하나님을 우리와 무관하게 여기게 되면 자신과 다른 사람들의 존재 의미를 잃게 되어 버리거나 중요하게 생각하지 않게 되어 버립니다. 결국에는 우리 자신을 다른 사람에게서 분리시키고 아무런 가책 없이 서로를 죽일 수 있게 되는 것입니다.

물론 그런 일이 일어나지 않은 것처럼 모른 체 하는 편이 속 편할지 모릅니다. 심지어는 홀로코스트가 일어나지도 않았다고 주장하는 사람도 있고, 원자 폭탄이 인류를 구했다고 생각하는 이들도 있습니다. 그러나 먼저 죽음의 권세가 우리 사회를 지배하고 있다는 사실을 인정하지 않는다면 우리는 절대로 죽음의 사슬에서 벗어날 수가 없습니다. 하나님은 살아 계십니다. 하나님이 우리를 변화시키시고 우리를 통해 이 사회에 사랑과 정의가 가득하도록 자신을 내어 드려야 합니다.

이 책은 죽음을 주제로 하고 있지만 내용의 중심은 생명에 관한 것입니다. 갓 태어난 아기에게서 생명을 향한 싸움을 배울 수 있듯이, 병자나 노인에게서도 마찬가지입니다. 이제 막 태어난 아기가 한 숨, 한 숨 안간힘을 다하는 모습을 보십시오! 그 자그마한 몸에서 살기 위한 결심과 의지가 뿜어져 나옵니다.

이것은 삶을 마감하는 순간에 수반되는 싸움에서도 동일합니다. 조금씩 생명의 기운이 빠져나가고 생명의 불꽃이 깜박거리며 죽어가는 사람은 한번이라도 더 숨을 쉬려고 온 힘을 집중시킵니다.

생명의 시작과 끝에서 일어나는 이 두 번의 싸움은 깊은 의미에서 볼 때, 어둠과 죽음의 왕인 사탄과 생명의 창조자이신 하나님 사이의 싸움을 반영합니다.

저는 부루더호프 공동체의 장로로서 오랫동안 많은 이들의 죽음과 고통을 곁에서 함께했습니다. 저는 목회적인 관점으로 이 책에 등장하는 사람들의 사연을 이야기하려 합니다. 저의 개인적인 경험과 관련해서 브루더호프나 공동체의 식구들을 추켜세울 생각은 조금도 없습니다. 또한 그들 중 누구도 그렇게 하길 원하지 않을 것입니다. 저와 여러분과 마찬가지로 그들도 모두 힘든 시간과 갈등하고 낙심했던 순간들을 겪은 평범한 사람들이니까요. 저에게 중요한 것은 그들이 어떻게 죽었는가 하는 것이 아니라 어떻게 살았는가 하는 것입니다.

이 책의 주인공들은 자신을 위해서가 아니라 타인을 위해서 삶을 충실하게 살았습니다. 자기 자신보다 더 중요한 대의를 섬기는 삶에서 그들은 값비싼 진주를 발견할 수 있었기에 그것을 위해 자신이 가진 모든 것을 포기했습니다. 대신에 분명한 사명감과 인생의 목적, 용기 그리고 고통과 죽음을 뛰어 넘을 수 있는 기쁨을 얻었습니다. 그들은 요한이 말한 '두려움이 없고 두려움을 내쫓는'(요한일서 4:18) 온전한 사랑의 삶을 살아왔고 마음의 평안 가운데 창조주를 만날 수 있었습니다.

제가 이 책을 쓴 목적은 당신을 하나님께로 이끄는 것입니다. 이 책에 실린 모든 이들이 경험했듯이 하나님은 절망 끝에 선 모든 영혼에게 평안과 힘을 주시는 분임을 저는 확신합니다. 우리는 하나님 안에서 사도 바울처럼 확신을 가지고 외칠 수 있습니다.

"사망아 너의 승리가 어디 있느냐 사망아 네가 쏘는 것이 어디 있느냐"(고전 15:55).

요한 크리스토프 아놀드

Part 1

토대

Be not Afraid

제게 있어 제 개인의 삶은 점점 덜 중요해집니다.
중요한 것은 하나님 나라입니다. 우리 각자는 너무 작고 연약합니다.
하지만 우리는 하나님의 사랑이 이 세상으로 뚫고 들어오는 문입니다.
저는 이것을 위해 살고 싶습니다.
하나님 나라는 우리가 목숨을 걸만한 가치가 있는 일이기도 합니다.

1장 Foundations 토대

메리엔에게서

내 삶에 크게 영향을 끼친 첫 번째 사건은 여동생 메리엔의 죽음이었다. 여동생이 태어났을 때 나는 겨우 여섯 살이었고, 아기가 살아있는 모습을 보지도 못했지만 메리엔의 출생과 죽음은 나와 누이들의 인생과 한참 후에 태어난 내 자식들에게까지도 결정적인 영향을 미치는 일이 되었다.

1947년 어머니가 메리엔을 임신하고 있었을 때, 우리는 남미 파라과이의 오지에 살고 있었다. 우리 공동체는 1937년에 나치 독일로부터 추방되어 영국으로 옮겨가게 되었으나, 1940년에 영국에서도 추방되어 파라과이에 새로 정착하게 되었다.

그곳에서의 생활은 매우 원시적이었고, 우리 공동체가 운영했던 작은 병원도 사정은 마찬가지였다. 병원에는 의료장비와 약품이 턱없이 부족했다. 그 당시 파라과이에는 아직 항생제조차 없던 시절이었다.

어머니는 이틀 동안의 극심한 산고로 인해 목숨이 위험한 상태였고, 아기가 태어나기 바로 직전에는 갑자기 심장이 멈추는 위급한 상황이 발생하였다. 의사들의 필사적인 노력으로 어머니의 심장은 다시 뛸 수 있었지만 아기와 어머니의 생명은 극도로 위태로운 상태였다. 아버지는 제왕절개 수술을 요청하셨지만 의사들은 거절했다. 제왕절개를 하게 되면 산모의 목숨이 위험하다는 이유에서였다. 산모를 살리는 길은 아기를 유산시키는 방법밖에 없으며, 그렇지 않으면 아기와 산모 둘 다 잃을 수 있다는 것이었다. 나의 부모님은 모든 생명이 존엄하다고 철저히 믿으시는 분들이었으므로 그 상황은 벼랑 끝에 선 것처럼 막막한 일이었다. 그 때 아버지는 기도하시기 위해 숲으로 들어가셨다.

아버지가 돌아오셨을 때 어머니는 의식을 되찾으셨지만 상태는 여전히 심각하였다. 그런데 그 때 놀라운 일이 일어났다. 아기가 자연분만으로 세상을 보는 기적 같은 일이 일어난 것이다. 아기는 의료 기구 때문에 머리에 가벼운 타박상을 입었을 뿐 건강해 보였다고 한다. 이 모든 일에 하나님이 개입하신 것이다.

그러나 곧 어머니는 아기에게 문제가 있다는 것을 느끼셨다. 아기는 울지도 못한 채 눈도 뜨지 못했고, 마침내 그 다음날 조용히 숨을 거두고 말았다. 몇 주 후에 어머니는 독일에 사는 라인홀트 삼촌에게 아래와 같이 편지를 쓰셨다.

> 우리 두 사람이 그토록 기다려온 아이였는데, 그처럼 고통스럽게 태어나서는 내 품에 제대로 안겨보지도 못하고 떠났다는 것을 받아들이기가 정말 힘듭니다. 남편은 갓난아기를 다시 안아 보길 참 많이 기대했는데……. 비록 산통이 진행되었던 이틀하고 반나절 동안 저는 상상할 수 없을 만큼 고통스러웠지만 세상에 태어날 아기를 생각하면서 얼마나 기뻤는지 모릅니다. 남편은 잠시도 자리를 떠나지 않고 제 곁에 서서 힘이 되어 주었답니다.
> 가끔은 지난 일이 실감나지 않아서 '잠깐 동안 꿈을 꾼 게 아닐까' 느껴지는 때도 있습니다. 하지만 그 일을 생각하면 할수록 그 애가 살아서 태어난 것에 더 감사하게 됩니다. 비록 몇 시간 동안이었지만 그 애는 다른 아이들에게 소중한 기쁨을 안겨 주었고, 가족들 간에 깊은 사랑을 싹트게 했습니다. 그러고 보니 그 애는 이 땅에서 할 일을 다 한 것 같아요.

살아있는 시간이 얼마가 되었든 생명에는 저마다 목적이 있기 마련이다. 아버지는 그 사실을 아셨기에 메리엔을 유산시키지 않은 것을 평생 동안 하나님께 감사하셨다.

그 일은 우리 공동체 전체에도 영향을 주었고 사람들이 삶과 죽음에 대해 온전한 태도를 갖도록 해주었다. 공동체

안에서는 삶과 죽음을 함께 짊어질 수 있다는 것이 복음의 내용이다. "너희가 짐을 서로 지라 그리하여 그리스도의 법을 성취하라"(갈라디아서 6:2).

❦

라초프에게서

메리엔의 죽음이 내 일생에 중대한 사건이기는 했지만 장난기가 심했던 나는 툭하면 말썽을 피우는 매우 평범한 소년이었다. 대다수 소년들과 마찬가지로 말 타기를 무척 좋아했고, 몰래 사냥을 가거나 가우초(gauchos 남미의 초원에 사는 카우보이로 스페인 사람과 인디언의 혼혈아—역자 주)들이 소를 몰며 말을 타고 달리는 것을 구경하길 좋아했다. 나는 상상의 나래를 펼쳐 언젠가 가우초가 되어 초원을 달리는 꿈을 꾸기도 했다.

우리가 살던 아열대 천국은 생명력으로 넘쳐 났지만 질병과 죽음 역시 우리 곁을 맴돌았다. 나는 우리 교회가 지역 주민을 위해 운영하던 병원에 아버지와 함께 음식과 보급품을 전해 주려고 자주 갔었다.

나는 그곳에서 인간의 비참한 상황들을 목격하게 되었는데 영양실조로 고통당하는 사람이 많았고, 나병과 결핵도 많이 퍼져 있었다. 치료 불가능한 부인병 환자들, 호흡기 질환자들, 수막염이나 탈수증으로 죽어가는 아이들, 나무에서 떨어져 부상을 당하거나 술에 취해 싸우다가 다친 사람들…….

아버지는 자식들에게 가난한 사람들을 위해 오신 예수님에 대하여 자주 이야기해 주셨다. 그리고 예수님을 위해 모든 것을 포기한 사람들의 이야기도 하셨다. 우리가 가장 좋아하는 이야기 중 하나는 고통 받는 자들과 죽어가는 자들을 도우려고 가족과 부를 버리고 나그네로 살아간 러시아 귀족 바실리 오시포비치 라초프의 이야기였다. 나는 라초프에 대하여 오래도록 생각하곤 했다.

대고모에게서

열서너 살 때 나는 가족과 떨어져 파라과이의 수도인 아순시온에 있는 브루더호프 하우스에서 1년 동안 봉사했다. 우리 교회 소년들은 돌아가면서 한 번에 몇 달씩 그 일을 수행했는데 주로 심부름과 집안의 허드렛일이었다.

나는 가끔씩 주일 오전 예배를 빼먹고 친구들이 많이 있는 슬럼가로 놀러갔었다. 그곳 친구들의 생활 여건은 소름이 돋을 만큼 비참했다. 대나무 판잣집들이 밀집된 사이로 더러운 하수가 흘렀고 파리와 모기가 들끓었다.

수백 명의 아이들이 거리를 배회하고 있었다. 그들 대부분은 고아였고 전문 날치기도 많았다. 한 켤레에 5센트를 받고 부자들의 구두를 닦는 일을 하는 아이들도 있었다. 나도

호기심에 직접 구두닦이 통을 사서 시간이 날 때마다 구두닦이 아이들과 합세하였고, 그 때 아이들의 가슴 아픈 사정들을 조금씩 듣기도 하였다.

그들의 부모들은 전쟁이나 열병으로 죽은 경우가 많았다. 부모나 형제들이 병이나 영양실조로 죽는 모습을 직접 목격한 아이들도 있었다. 비록 그 아이들이 살아남기는 했지만 궁핍함과 두려움, 그리고 온갖 위험 속에서 하루하루 비참한 삶을 이어가고 있을 뿐이었다.

그 때 갑자기 혁명이 일어났다. 바로 우리 집 앞거리에서도 전투가 벌어졌고 밤마다 가까운 곳에서 탱크와 기관총 소리가 들려왔다. 총알이 우리 집 위로 날아가는 소리도 들렸고 창문으로 군인들이 죽는 모습까지 보게 되었다. 그것은 전쟁이나 다름없었다. '만약 총을 맞으면 어쩌지?' 가족과 떨어진 열세 살 소년이었던 나는 공포에 떨었다.

그곳에서 우리와 함께 살던 모니카 대고모는 겁에 질린 나를 위로해 주었다. 대고모는 1차 대전 당시 간호사로 전선에서 일했었기 때문에 죽어가는 군인들이 고통과 두려움으로 어린아이처럼 울부짖던 이야기와 자신이 지은 죄를 참회하던 일, 그리고 사랑하는 사람을 다시는 보지 못한다는 것 때문에 마음 아파하던 사람들의 이야기를 들려 주었다. 대고모는 깊은 신앙심으로 그들에게 감화를 주었고, 마음을 위로해 주었으며 죽음을 맞기 전에 예수님께 인도해 주었다고 하셨다.

그래도 여전히 나를 괴롭히는 질문들이 있었다. '왜 사람들은 죽어야 하는가?' '왜 세상에 이렇게 많은 악이 존재하는가?' 그 때 모니카 대고모는 나에게 로마서 8장 22~27절을 읽어 주셨다. 그것은 모든 피조물이 구속을 향해 신음한다는 내용이었다. 대고모는 내가 죽음에 대해 가지고 있는 두려움을 극복할 수 있도록 도와주셨다.

아버지처럼 대고모도 우주 어딘가에서 그리스도가 우리를 위해 한 곳을 예비하고 계신다고 이야기해 주셨다. 나는 그곳이 어떤 추상적인 장소가 아니라 정말 실재하는 곳일 거라고 믿게 되었고, 그 믿음으로 두려움에서 여러 차례 회복될 수 있었다. 무엇보다도 우리에게는 예수님이 하신 놀라운 위로의 말씀이 있지 않은가! "내가 세상 끝 날까지 너희와 항상 함께 있으리라"(마태복음 28:20).

마틴 루터 킹에게서

그리고 약 10년 뒤에 나는 또 한 번 죽음과 마주했다. 그 무렵 우리 가족은 공동체를 건설하는 일로 미국 뉴욕 주에 살고 있었는데, 그 당시는 흑인 민권운동의 불길이 한창 타오르고 있던 시기였기 때문에 나의 관심도 거기에 집중되어 있었다. 마틴 루터 킹 목사는 그 때 나에게 큰 영향을 미친

분이었다. 정의에 대한 믿음이 확고했던 킹 목사는 자신이 하는 일로 인해 죽을 수도 있다는 것을 알면서도 전혀 두려워하지 않았다. 1968년 킹 목사는 암살되기 불과 며칠 전에 자신이 왜 두려움에 굴복하지 않았는지 설명했다.

모든 사람이 그렇듯이 저도 오래 살고 싶습니다. 오래 사는 건 나쁜 것이 아닙니다. 하지만 지금 저에게 그건 중요하지 않습니다. 저는 오직 하나님의 뜻을 따르고 싶을 뿐입니다. 하나님은 제가 그 산에 오르는 것을 허락하셨습니다. 그리고 저는 그 산에서 약속의 땅을 내려다보았습니다. 저는 여러분과 함께 그곳에 갈 수 없을지 모릅니다. 하지만 오늘밤 여러분에게 분명히 말하고 싶습니다. 우리는 한 백성으로 약속의 땅에 반드시 들어가게 될 것입니다. 그래서 저는 오늘밤 너무 행복합니다. 저는 아무것도 걱정하지 않습니다. 누구도 두려워하지 않습니다. 저는 오실 주님의 영광을 보았습니다.

나에게 킹 목사의 삶은 의미심장한 메시지를 남겨주었다. 1965년 나는 친구 한 명과 앨라배마로 가서 킹 목사의 사랑과 겸손을 가까이에서 직접 체험하기도 했다. 지금은 유명해진 셀마Selma 행진이 일어나기 3주 전이라 긴장이 고조되었던 상황이었다. 그곳에 도착하자마자 우리는 지미 리 잭슨이라는 흑인 청년이 8일 전에 마리온 근처에서 평화집회를 하는 중에 경찰의 무자비한 진압으로 심하게 부상당했다는 소식을 들었다.

후에 그 현장에 있던 사람들의 말에 의하면 상황이 보통 끔찍한 게 아니었다고 한다. 경찰들이 잔인하게 흑인 시위대를 구타하는 동안 백인 구경꾼들은 기자들의 카메라를 부수고 가로등을 깨부수었다. 시위대 가운데 많은 이들은 교회 계단에서 기도를 드리던 중이었다고 한다. 지미도 그들 중에 있었는데 경찰이 자신의 어머니를 잔인하게 때리는 것을 막으려다 배에 총을 맞고 거의 죽기까지 머리를 곤봉으로 맞았다는 것이었다. 그 지역 병원에서 치료를 거부하자 셀마 병원까지 이송되었는데, 그곳에서 기자들에게 사건의 진상을 알렸다고 한다. 그리고 며칠 후 지미는 숨을 거두었다.

지미가 죽었다는 소식을 듣자마자 우리는 셀마로 차를 몰았다. 장례식이 치러지는 예배당에서 우리는 관 속에 안치된 지미를 볼 수 있었다. 장의사가 상처를 가리려고 애쓴 흔적이 보였지만 머리에 난 끔찍한 상처는 가릴 수 없었던 모양인지 어른 손가락만한 세 개의 큰 상처가 보였다.

깊은 충격에 휩싸인 채 우리는 지미의 장례 예배에 참석했다. 예배당은 빈 자리가 없을 정도로 조문객으로 가득했고, 우리는 겨우 뒤편 유리창 턱에 걸터앉을 수 있었다. 교회당 바깥도 사람으로 발 디딜 틈이 없었다.

나는 그 때 받은 느낌을 잊을 수 없다. 흑인에 대한 백인들의 끝없는 증오에도 불구하고 예배당 안에서는 분노나 복수의 분위기를 찾아볼 수 없었다. 오히려 용기와 평화의 분위기가 예배당 안에 가득했다. 그리고 모두 일어나 '아무도 나를 꺾지 못하리라……'는 흑인 영가를 부를 때 승리의 분위기가 참석한 사람들의 마음을 온통 사로잡았다.

마리온에서 가진 두 번째 예배에도 참석했는데 그곳 분위기는 더욱 차분했다. 거리 건너편 법원 건물 베란다에는 야경봉으로 무장한 경찰들이 줄지어 있었다. 며칠 전 마리온의 흑인 시위대를 진압했던 이들과 똑같은 경찰들이었다. 경찰들의 증오 서린 시선과 백인 우월주의자들의 야유와 욕설을 들으며 우리는 묘지로 행진했다. 총으로 무장을 하고 쌍안경과 카메라를 가지고 있던 경찰은 우리 한 사람, 한 사람을 모조리 촬영했다.

묘지에서 킹 목사는 용서와 사랑에 대해 말했다. 킹 목사는 참석자들에게 경찰을 위해 기도하고 지미를 죽인 자와 우리를 핍박하는 자들을 용서하라고 호소했다. 그 다음 우리는 손을 잡고 노래했다. "우리는 승리하리라……."

그 때 나는 사랑과 용서라는 구속의 힘만이 증오를 이기는 유일한 길이라는 교훈을 얻었다. 그러나 그 이후에도 나는 여러 번 자문해야 했다. '나도 그 흑인들처럼 사랑과 용서의 길을 선택하고 있는가?'

부모님에게서

루터 킹 목사와의 만남이 내 인격 형성에 큰 영향을 주었지만 죽음과 삶에 대한 나의 가치관에 결정적으로 영향을 준 것은 부모님이었다. 부모님은 하나님을 사랑하는 분들이었지만 종교적인 단어를 많이 사용하지 않으셨다. 두 분의 신앙심은 가족과 주위 사람들에 대한 사랑의 행위 속에 녹아 있었다.

어머니는 유아교육을 공부하셨는데 마음 속 깊은 생각들을 시와 수필로 표현하는 재능이 뛰어나셨다. 어머니는 편지를 많이 썼고 일기도 꼼꼼하게 쓰셨다. 그리고 늘 아침에 가장 먼저 일어나셨고, 가장 늦게 잠자리에 드셨다. 아침마다 아이들이 일어나기 싫어 침대 속으로 파고들 때 어머니는 한창 집안일을 하고 계시거나 아니면 아기 옷을 짓거나 젤리를 만들고 스웨터를 짜는 일을 하고 계셨다.

어머니는 걸어다니는 법이 없으셨고 어디를 가든 뛰어다니셨다. 한번은 한 아기가 응급조치를 받는 동안 생명이 위독해진 것을 보시고, 산소 탱크를 가지러 달려갔던 사람도 어머니였다. 그 때 어머니가 예순세 살이셨는데도 한 청년이 산소 탱크를 나르는 것을 도우려고 바로 뒤따라갔지만 따라잡지 못할 정도였다.

사랑받는 목사이며 상담가셨던 아버지는 취리히에서 농

업을 공부하고, 영국에서 몇 년 동안 목장을 운영하셨다. 아버지는 키가 크고 건장하셨고, 45킬로그램짜리 밀가루부대를 가볍게 마차에 올리고 내리셨다. 게다가 마음이 따뜻한 분이셔서 가난하고 집 없는 사람들에게 깊은 연민을 갖고 계셨다. 여행에서 돌아오실 때는 가난하고 집 없는 사람들을 데려오셔서 며칠을 집에 머물게 한 적도 있었다.

아버지는 유머감각이 뛰어나셨다. 한번은 수염을 기르실 때였는데 저녁 때 잠옷 바람으로 아래층에 있는 우리에게 내려오셔서 결정하기 어려운 문제가 있다고 하시면서 "수염을 이불 아래에 놓을까 아니면 이불 위에 놓을까?"라고 물으시는 것이었다. 몸이 아파 누워 계실 때도 아버지는 우리에게 쉴러나 괴테의 시를 들려주기도 하셨고, 어린 시절 짓궂은 장난 이야기로 모두 배꼽을 잡고 웃게 만드시기도 하셨다.

아버지는 죄에 대해서는 심할 정도로 단호하고 분명하게 대하셨지만 죄인에게는 언제나 깊은 연민으로 대하셨다. 신자든 불신자든 찾아오는 모든 이들의 어려움에 귀를 기울이셨고, 기도로 짐을 함께 짊어지셨다. 그 일로 아버지를 시기하는 사람들도 생겼지만 많은 사람들이 진심으로 아버지를 신뢰하고 사랑하게 되었다. 아버지가 사람들을 자신에게 끌어들이는 것이 목적이 아니라 그들을 진정한 도움의 근원이신 하나님과 그리스도, 그리고 형제자매들에게 향하도록 한다는 것을 사람들이 점차 알게 되었기 때문이다.

1962년에 아버지는 우리 교회의 장로로 임명되셨고, 임종하기까지 20년 동안 겸손하게 그 직분을 섬기셨다. 아버지는 교회의 형제자매를 끝까지 신뢰하셨고, 신뢰를 깨는 일이 되풀이되어도 배신하고 상처를 준 이들을 용서할 수 있는 용기와 겸손을 계속해서 발견하셨다. "불신 가운데서 사느니 차라리 신뢰하고 배신당하며 살겠다."라고 늘 말씀하셨다. 아버지는 자주 용서에 관해 말씀하셨고, 원한을 품은 채 살아가는 사람은 자신이 용서하지 못한 사람에게 자신을 옭아매어 자기도 모르게 불구자가 된다고 가르쳐 주셨다. 이런 사람들은 감옥에 갇혀 있으면서도 자기 주머니에서 용서란 열쇠를 꺼내 감옥 문을 열려고 하지 않는다는 것이다.

아버지는 병으로 무척 고통을 당하셨다. 몇 차례나 죽음의 문턱까지 갈 만큼 아프기도 하셨는데 그 때마다 기적적으로 자리를 털고 일어나셨다. 어머니는 아버지보다 네 살 더 많으셨지만 워낙 건강한 체질에다 기운도 좋으셔서 아픈 걸 모르셨다. 우리 자녀들은 아마도 아버지가 어머니보다 먼저 돌아가실 거라고 생각했지만 하나님은 다른 계획을 가지고 계셨다.

1979년 가을 어머니는 임파선 암 진단을 받으셨다. 건강은 급격하게 악화되었고, 도움을 받아야 할 정도로 몸이 약해지셨다. 평생 다른 사람을 돌보며 살아온 분이라 처음에는 받아들이길 힘들어 하셨다. 하지만 극심한 고통 가운데서도 어머니는 하나님을 의뢰하셨고, 그분의 뜻에 무조건 순종하셨다. 그런 후에 어머니는 마음의 평안을 찾을 수 있었고, 두려움 없이 죽음을 맞이할 수 있었다.

어머니가 암 선고를 받던 날 두 분은 함께 우셨다. 우리 자식들도 함께 울었다. 그리고 나서 두 분은 서로 잠깐 쳐다보시더니-그 때 두 분 눈에 비친 가득한 사랑을 잊을 수가 없다- 우리 자식들에게 돌아서서 말씀하셨다. "이제 하루하루, 순간순간이 너무 귀하다. 이웃들과 아이들 그리고 손님들 모두에게 기회를 놓치지 말고 우리 사랑을 보여주자꾸나." 어머니는 하나님의 지혜와 인도하심에 온전히 의지하라고 당부하셨다. 가슴이 미어지는 슬픔과 동시에 벅찬 감동이 밀려왔다.

※ ❀ ※

1980년 초반에 우리 공동체의 나이 드신 세 분-에미, 도라, 루스-과 태어난 지 4개월 된 아기가 2주 동안 연이어 우리 곁을 떠났다. 돌아가신 세 분은 모두 반 세기가 넘는 세월 동안 우리 교회를 섬기셨고, 우리 부모님과 절친한 친구들이었기에 그분들의 죽음은 어머니의 가슴을 깊게 도려냈다.

한 사람씩 운명할 때마다 어머니는 눈에 띄게 약해지셨다. 맨 먼저 우리 친할머니가 아흔다섯 나이로 돌아가셨다. 그 일은 어머니에겐 너무 큰 고통이었기에 할머니의 시신을 염하고, 할머니가 누워계시던 방을 정돈하기도 힘에 부칠 정도로 몸이 좋지 않으셨다.

어머니는 임종한 교인들에 대한 이런 마지막 사랑의 섬김을 특권이라고 여겨 오셨다. 그리고 불과 며칠 후, 어머니가 오십 년 가까이 알고 지낸 도라 할머니가 세상을 떠나셨다. 나는 부모님을 모시고 도라 할머니 얼굴을 마지막으로 뵈러 갔다. 어머니는 도라 할머니를 그윽한 눈으로 쳐다보셨다. 어머니는 장례식에 참석할 수 없었지만 침대에서 일어나 힘겹게 창가에 서서 장례 행렬이 우리 집 앞을 지나가는 것을 지켜보았다.

그리고 1주일이 채 안 되어 아버지의 죽마고우인 루스가 갑자기 세상을 떠나셨다. 장례식 날 어머니는 옷을 차려 입고 침대에 앉아 계셨다. 사실 그럴 기력이 남아있지 않으셨지만 어머니는 루스에 대한 깊은 사랑과 존경을 보여주시려고 온 힘을 다하셨던 것이다.

공동체 아이들은 어머니를 좋아했고 자주 창가에 와서 노래를 불러주었다. 또 어머니가 곧 회복될 거라는 아이들의 단순한 믿음은 즉각적인 변화를 일으켰다. 아이들이 올 때마다 어머니는 평안해지셨고 얼굴에 기쁨이 가득했던 것이다. 어머니는 가쁜 숨을 몰아쉬며 "애들아, 애들아!" 부르곤 하셨다.

어머니는 모르고 계셨지만 아이들은 어머니의 회복을 위

해 기도모임을 갖고 있었다. 어머니는 자신이 많은 아이들 인생에 결정적인 영향을 끼칠 것이라는 사실을 알지 못하셨지만, 어머니의 죽음을 계기로 수십 명의 아이들이 예수님을 따르는 데 삶을 바치겠다고 결심하게 되었다. 그 당시 결단을 했던 아이들은 이제 자기 자식을 가진 신실한 어른이 되어 있다.

어머니의 죽음은 아버지에게 커다란 충격을 주었다. 부모님은 40년이 넘게 한 몸을 이루고 살면서 늘 함께 일해 오셨다. 아버지는 어머니의 조언을 많이 의지하며 살아오셨는데 이제 혼자 남으신 것이다. 그 후 2년 동안 아버지의 근력은 급격하게 약해지셨다. 아버지는 성경을 많이 읽으셨고, 할 수 있는 한 여전히 예배를 주관하셨다. 마지막 남은 날들 동안 모든 피조물에 대한 하나님의 궁극적인 계획에 대해 말씀하셨고, 마침내는 예수님이 어둠과 죄를 이길 것이라는 믿음을 강조하셨다. 그리고 여러 차례 이렇게 말씀하셨다.

제게 있어 제 개인의 삶은 점점 덜 중요해집니다. 중요한 것은 하나님 나라입니다. 우리 각자는 너무 작고 연약합니다. 하지만 우리는 하나님의 사랑이 이 세상으로 뚫고 들어오는 문입니다. 저는 이것을 위해 살고 싶습니다. 하나님 나라는 우리가 목숨을 걸만한 가치가 있는 일이기도 합니다.

아버지는 임종을 앞둔 몇 주 동안 세심한 보살핌을 받으셔야 했기에 형제들이 돌아가면서 밤마다 침대 곁에 머물렀다. 아버지는 말을 거의 하실 수 없었지만 그 곁에 앉아 있는 사람들에게 내적으로 큰 힘을 주셨다. 아버지가 임종하시기 전 며칠 동안 나는 아버지 곁에 있으면서 하나님이 가까이 계심을 강하게 느꼈다. 아버지는 1982년 여름 이른 아침에 평안하게 돌아가셨다. 아버지의 눈을 영원히 감겨드리는 일은 나에게 큰 특권이었다.

아버지와 어머니의 삶은 그리스도께 견고하게 뿌리를 내린 삶이었다. 참으로 두 분의 삶은 섬김과 신뢰 그리고 사랑의 삶이었다. 두 분은 외적으로나 내적으로 언제나 충만한 삶을 사셨다. 하나님과 교회에 한 약속에 끝까지 충실하셨고, 자신의 부르심을 따르는 데 마음을 다 하셨기 때문이다.

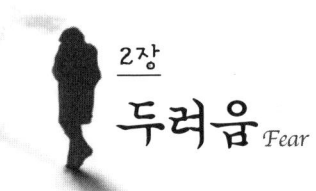

2장
두려움 Fear

　1955년 우리 가족이 미국으로 이주할 당시에는 미소간의 냉전이 한창이었다. 두 패권국은 핵실험을 여러 차례 시행했고, 앞을 다투어 치명적인 무기를 만들어냈다. 히로시마와 나가사키의 충격이 여전한 가운데서도 핵무기의 광기는 가라앉을 줄 몰랐다. 학교에서는 정기적으로 공습대피 훈련을 했고 가정마다 방공호를 만들어 비상식량을 비축했다. 신문들은 소련이 미국을 공격하는 가상 시나리오를 연이어 실었다.

　미국 생활은 내게 무척 흥미로웠고 그 자체가 모험이었다. 하지만 핵폭탄이 뉴욕시에 떨어지게 된다면 우리가 살던 리프톤 지역도 사정거리 안에 들기 때문에 완전히 쑥대밭이 될 거라는 얘기를 들을 때마다 등골이 오싹해졌다. 나는 계속되는 공습대피 훈련 속에서 늘 원자폭탄과 전쟁에 대한 두려움에 시달렸고, 우리 반의 많은 아이들도 나처럼 두려움 속에 살고 있었다. 나와 같은 세대의 사람들은 비슷한 기억을 갖고 있을 거라고 생각한다.

분명히 두려움은 특정한 장소나 시대에 속한 사람들만 겪는 것은 아니다. 두려움이 인간에게 있어 근본적인 감정은 아니지만 보편적인 감정임에는 분명하다. 인간이라면 누구나 두려움을 경험해 봤을 것이다. 활활 타오르는 불을 보거나 으르렁거리는 사나운 개를 보면 두려움을 느낀다.

하지만 다른 종류의 두려움도 있다. 중병에 걸려 죽음을 눈 앞에 두었을 때 생기는 두려움이 그것이다. 이 두려움은 자기보호본능과는 상관이 없고 불확실한 미래와 변화와 관계 있다. 무엇보다 자신의 삶을 똑바로 직면하는 데서 생기는 두려움이요, 빈손으로 돌아간다는 사실에 대한 두려움이다.

몇 년 전 공동체 식구인 스물두 살의 매트가 암에 걸렸을 때 우리는 이 두려움에 대해 함께 이야기를 나눈 적이 있다. 암 선고를 받은 대부분의 사람들이 그렇듯이 매트도 처음에는 자신의 몸 상태를 걱정했고 의사에게 온갖 질문을 퍼부었다. '암의 원인은 무엇입니까? 치료를 하면 호전될 수 있나요? 살아날 가망성은 얼마나 되나요? 이런 저런 의학용어는 무슨 의미인가요?' 등등.

하지만 며칠이 안 되어 매트의 관심사는 자신의 영적인 문제로 옮겨갔다. 자신의 인생이 다시는 돌이킬 수 없는 시간과 마주하고 있다는 절박함 속에서 병이 어떻게 진행되느냐보다는 삶을 정리해야겠다는 필요를 느끼고 있는 듯했다.

나중에 매트의 주치의는 이렇게 회고했다.

매트가 퇴원하고 이틀 뒤에 집으로 찾아갔더니 그는 울고 있었습니다. 무슨 일이냐고 묻자, 아버지와 오래 대화를 나누었고 이제는 자신의 삶을 진지하고 깊게 돌아봐야겠다고 대답하더군요. 매트는 양심의 문제를 누군가에게 털어놓고 싶다고 했습니다. 그리고 "두렵고 외롭다."라고도 했습니다.
 나는 며칠 집을 떠나 다른 데서 지내면 도움이 될 수 있다고 제안했습니다. 하지만 매트는 멍하니 벽을 보며 말했습니다. "저와 하나님과의 관계에 문제가 있는 것 같아요."
 나는 누구든지 자신의 삶을 진지하게 생각해야 하며 매트의 병을 통해 우리 모두에게 하나님이 얼마나 필요한지 깨닫게 되었다고 그를 위로했습니다. 매트는 젖은 눈으로 침대에 누웠고 자신을 짓눌러 오는 현실의 무게를 느끼며 천장을 응시하고 있었습니다. 나는 그런 매트를 바라보면서 사람은 누구에게나 이런 순간이 필요하다는 것을 깨달았습니다.

그 무렵 매트는 나에게 이런 편지를 한 통 보냈다.

야고보서에서 지금 저에게 매우 중요한 말씀을 발견하게 되었습니다. 우리의 기도가 응답 받기 위해서는 서로 죄를 고백하라는 말씀입니다. 지금 저에게 가장 중요한 것은 저의 모든 죄를 반드시 고백해서 용서받고, 제가 상처를 준 이들에게 용서를 구하는 일입니다. 저에게 이것은 병이 낫는 것보다도 더 중요한 일이 되었습니다. 사람들에게 의로운 자로 보이고 싶은 욕망보다 하나님을 향한 갈망이 더 강해지게 되면 회개는 두려움이 아니라 간절한 바람이 됩니다. 저는 이것을 병원에서 돌아왔을 때 매우 절실하게 느꼈습니다. 저는 하나님과의 관계를 바르게 하는 것이, 말 그대로 삶과 죽음의 문제라는 것을 알게 되었습니다.

그 후에 매트는 이런 내용의 편지를 여러 차례 보내왔고 나도 성의껏 답장을 보냈다. 나는 매트에게 암에 걸리는 것은 한 인간의 힘이 무장 해제되는 것이고, 하나님은 그것을 통해 우리에게 무엇인가를 말씀하시고 계신다고 말해 주었다.

지금까지 매트는 젊고, 건강하고, 잘생기고, 재능도 많은 청년으로 부족한 것 없이 세상을 다 소유한 것처럼 살았지만 아마도 그 때문에 하나님은 그의 재능을 온전히 사용하실 수 없으셨을지 모른다.

"매트, 하나님은 너를 낮추셔야만 하셨을지 몰라. 너의 약함을 통해 일하시기 위해서지. 이제 너는 그 약함을 받아들일 힘을 달라고 기도해야만 한다." 놀랍게도 매트는 이렇게 답장을 보내왔다. "그 말씀이 맞습니다. 제겐 무척 힘든 일이지만 하나님이 제게 그것을 원하시는 것 같습니다."

매트는 그 뒤 몇 달 동안 몰라보게 달라졌다. 암 진단을 받을 당시만 해도 좀 건방진 구석도 있고, 요란하게 농담을 하며 떠들기도 하였으며 겉으로는 낙천적이었지만 속으로는 두려움을 가진 청년이었다. 하지만 6개월 후 매트는 완전히 다른 사람이 되어버렸다. 그럼에도 불구하고 매트에게는 가끔 두려움이 찾아왔고, 심지어는 죽음에 임박해서도 그랬다.

그는 견딜 수 없는 고통의 시간을 보내면서 새롭고 속 깊은 사람으로 바뀌어 갔다. 그리고 자신에게 다가온 죽음이라는 엄연한 현실을 회피하지 않으면서 죽음을 받아들이고 똑바로 바라볼 수 있게 되었다. 그리고 매트는 죽음의 고통을 평온하게 맞이할 힘을 발견하였다.

누구나 다 평화롭게 죽음을 맞는 것은 아니다. 그런 평화는 기질이나 성격과 상관없다. 평화는 자신의 '감정을 이겨내려는 노력'만 가지고 얻을 수 있는 것은 아니다. 그런 노력이 두려움을 이겨내는 데 도움이 될 수는 있지만 두려움이 감정의 정화나 의지력만으로 극복되지는 않는다. 무자비한 군인이라도 죽음의 순간에는 어머니를 부르며 눈물을 흘린다.

내 경험으로 볼 때 두려움과 마음의 '강팍함'은 뚜렷한 상관관계를 가진다. 자신의 연약함을 인식하고 있는 사람은 자신의 한계를 인정하고 타인의 도움을 구함으로써 마음의 안

도감을 맛본다. 하지만 독립심이 강한 사람은 그런 연약함을 패배로 여기게 되고 이 때문에 자신의 한계를 인정하길 두려워한다.

특히 오랫동안 죽음에 굴복하는 것에 강하게 저항한 사람의 경우에는 더욱 심하다. 하지만 이런 사람들도 어느 날 자신이 그 동안 독립적으로 살아왔다고 자신했던 것이 착각이며 환상이었다는 사실을 불현듯 깨닫게 되면 아무리 강한 사람이라도 죽음 앞에서는 무력하다는 사실을 인정하고 받아들이게 된다.

수잔 안토네타가 쓴 책 《오염된 몸 *Body Toxic*》에서는 이것을 생생하게 묘사하고 있다. 수잔의 할머니는 모든 일을 자기의 통제 아래에 두는 성격으로 먹는 음식에서 입는 옷, 스케줄, 직업, 자녀들의 배우자 선택, 손자들의 이름에 이르기까지 집안일에 일일이 간섭하고 의견을 고집하는 분이었다. 하지만 죽음이 찾아왔을 때 할머니는 주체할 수 없는 두려움에 시달렸다고 한다.

누군가 죽음의 공포에 시달리는 모습을 옆에서 지켜보는 것은 정말 끔찍한 일이다. 할머니에게는 죽음의 공포를 몰아내 줄 만한 어떤 것도 없었다. 예를 들면 훌륭한 삶을 살았다는 충족감이나 화목한 가족에 둘러싸여 있다는 것, 혹은 사람들의 따뜻한 방문을 받는 일들 말이다. 우리 가족도 할머니에게는 아무런 힘이 되지 못했다. 할머니는 두려움에 점점 수척해지며 살도 많이 빠지셨고, 눈의 초점이 흐려져 오히려 섬뜩한 분위기를 풍겼다.

할머니는 마지막까지 공포에 떨며 눈을 감으셨다. 사실 돌아가실 때만 그랬던 것이 아니었다. 할머니는 매일 밤 유령이 창문으로 들이닥치는 것을 보셨다고 한다. 그 때마다 할머니는 비명을 지르셨다. 할머니에게는 악령만 출현했다. 나는 그 당시 멀리 이사를 가는 바람에 그 악령들이 어떤 모습을 했는지 할머니에게 직접 듣지는 못했지만 어머니가 들려준 한마디로 충분했다. "정말 섬뜩했단다."

수잔이 그린 죽음의 모습은 그리 유쾌하지는 않지만 개인과 우주적 존재 사이의 관련성에 대해 독특한 통찰을 제시하고 있다. 우리는 혼자 동떨어진 존재가 아니며 선과 악이 대립하는 세력 속에 둘러싸여 있다는 것이다. 그리고 그 두 세력 간의 싸움은 모든 영역에서 치러지고 있지만, 그 어떤 곳보다도 죽음을 앞 둔 영혼 안에서 가장 치열하다.

❀ ❀ ❀

어머니의 친구인 도리 아주머니에게는 이 싸움이 생의 마지막 순간으로 한정되는 것이 아니었다. 아주머니는 수십 년간 이 싸움으로 인해 고통을 받고 있었다. 그녀는 오랫동안 우리 옆집에 살면서 우리 집안 일을 도왔다. 그리고 우리 부모님이 돌아가시고 난 뒤에는 아예 우리 가족으로 지내게 되었다.

그녀는 늘 행복해하였고 다른 사람을 도와주며 섬기는 일을 큰 기쁨으로 여겼다. 아기가 태어나면 그 집을 청소하고 과일과 꽃을 갖다 놓는 등, 산모와 아기가 집에 오는 데 필요한 만반의 준비를 해주었다. 손님들이 올 거라고 예상되면 방을 쓸고 닦고 침대들을 깨끗하게 정돈한 후 탁자에 꽃바구니를 올려놓았다. 아주머니는 다른 사람을 위하는 일이라면 가장 작은 일이라도 사랑으로 유쾌하게 하였고, 절대로 사례를 바라지 않았다.

그런데 겉으로 드러나지 않았지만 도리 아주머니는 신경이 예민하고 근심이 많았다. 평생 두려움과 싸워야 했으며 밤에 잠을 잘 이루지 못했고, 늘 근처에 누군가가 없으면 불안해했다. 또 나이 드는 것을 걱정하며 질병과 장애가 오지나 않을까, 암에 걸리지 않을까 하는 염려와 함께 죽는 것을 두려워했다. 그럼에도 아주머니는 다른 사람을 위해 살겠다는 결심이 확고했기 때문에 자신을 벼랑 끝으로 몰고 갈 수 있는 걱정거리들을 겨우 이겨내고 있었다.

그 때 갑자기 아주머니에게 암 선고가 내려졌고, 그 후 6년 동안 용감하게 암과 싸웠다. 처음에는 몇 달 동안 화학 치료를 받았는데 암이 악화될수록 아주머니는 두려움에 휩싸여

서 정신이 매우 혼란한 지경에 이르렀고, 세심한 보살핌과 도움이 필요했다. 그것은 누구나 평소에 겪는 불안감 같은 것이 아니라 자신의 영과 혼을 위한 절대적인 싸움이었다.

그 후 한 4년간 병세가 누그러지는가 싶더니 안타깝게도 다시 악화되기 시작했다. 다행히 아주머니의 살려는 강한 의지 덕에 또 한 번의 치료가 가능했고, 2년 동안 병세가 좋아졌다. 그러다가 암이 또 다시 재발하였고, 아주 빠르게 퍼져 나갔다. 이번에는 치료가 불가능한 상태가 되었고 우리들은 아주머니의 삶이 얼마 남지 않았다는 것을 느낄 수 있었다. 통증이 심했지만 진통제도 큰 도움이 되질 않았다.

도리 아주머니와 함께 지내는 동안 아내와 나는 아주머니의 질문에 대해 고민했다. '죽음이란 무엇일까?' '왜, 우리는 죽어야 하지?' '죽음 이후에도 삶이 있을까?' 아내와 나는 복음서를 통해 죽음과 부활에 관한 말씀들을 보면서 아주머니에게 용기를 줄 수 있는 구절들을 찾아보았다. 그리고 아주머니와 함께 죽음의 순간에 대해 이야기를 했다.

우리는 죽음이 하나님의 집으로 불려가는 것이므로 의롭게 살았다면 죽음을 두려워할 이유가 전혀 없다고 말해 주었다. 또한 아주머니가 삶을 통해 하나님을 섬겼기에 아주머니를 위한 상급이 준비되어 있다고 확신시켜 주었다.

도리 아주머니는 마지막 몇 주 동안 육체적으로, 그리고 영적으로 치열한 싸움을 치러야 했다. 어둠의 세력이 아주머니를 에워싸고 있는 것 같았다. 한번은 방에 뭔가 악한 것이 들어왔다고 소리를 질러댔다. 기력이 하나도 없던 아주머니는 뭔가를 향해 베개를 던지더니, "어둠아, 꺼져버려! 꺼져버려!"라고 소리쳤다.

우리는 아주머니의 그런 행동이 단순히 정신상태의 문제가 아니라 자기 영혼을 지키기 위한 영적 싸움이라는 것을 다시 한 번 느꼈다. 그럴 때마다 아주머니 곁에 모여 찬송과 기도로 하나님께 의지했다. 아내와 딸들이 밤낮으로 아주머니를 보살폈고, 그녀가 고통스러워하는 시간에도 내내 함께 있었다.

아주 힘든 밤을 보내고 맞은 어느 날 아침이었다. 아주머니를 괴롭히던 두려움이 갑자기 사라지면서 우리를 향해 이렇게 말했다. "하나님만 의지하고 싶어." 아주머니는 하나님이 부르실 그 순간을 기쁨으로 기다릴 수 있게 되었고, 그 때가 얼마 남지 않았다는 것을 알고 있었다.

아주머니를 다시 찾아갔을 때는 나에게 이렇게 말했다. "오늘 놀라운 일이 있을 거야. 하나님 나라가 오고 있어! 난 밖으로 달려 나가 맞이할 거야!" 그 날 오후 아주머니는 소리쳤다. "모든 고통이 사라졌어. 기분이 훨씬 좋아졌어! 하나님 감사합니다. 감사합니다!" 그리고 조금 뒤에 이렇게 말했다. "하나님이 오늘 밤 나를 데려가실 거야."

그 날 저녁에 아주머니는 우리 가족을 모두 불렀고 각 사람에게 작별인사를 했다. 우리는 밤새도록 찬송을 부르며 기도를 드렸다. 아주머니는 평화 속에 그 밤을 보내었고 동이 틀 무렵 우리 곁을 떠나갔다.

　오랜 세월 동안 힘겨운 싸움을 치른 뒤 맞이한 아주머니의 마지막 순간은 승리 그 자체였다. 아주머니는 냉혹한 두려움에 사로잡힌다는 것이 무엇인지 알고 계셨다. 하지만 하나님이 자신의 두려움보다 위대하시다는 믿음을 굳게 잡아 두려움이 자신을 완전히 삼키지 못하게 했다. 그리고 마지막 순간에는 지극히 평안한 가운데 숨을 거두셨다. 그것은 마치 초대 그리스도인들이 '이 세상 위에 집을 짓지 말고 건너가라'고 표현했듯이 이 세상은 단지 지상과 영원을 잇는 다리라는 것을 깨달은 사람만이 가질 수 있는 그런 평안함이었다.

3장 절망
Despair

어떤 사람은 인생을 순조롭게 살아가는 것처럼 보이고, 어떤 사람은 하루하루 고난 가운데 지친 얼굴로 힘겹게 살아가는 것처럼 보인다. 왜 그럴까? 우리는 그 이유를 알 수 없지만 그것이 부정할 수 없는 현실임에는 분명하다.

우리는 고통 속에서 허우적거리는 사람에게 다가가 마음을 열고 대화하길 주저한다. 혹 그 사람에게 주제넘게 간섭한다는 느낌을 주거나, 자칫하면 더 궁지로 몰게 될지도 모른다는 우려 때문이다. 하지만 심각한 우울증에 빠진 사람들과 만나본 나의 경험에 의하면 그것은 잘못된 염려이다.

사실 그런 사람들은 자신의 느낌을 터놓고 이야기할 누군가를 절실히 필요로 하고 있다. 그러나 안타깝게도 이들은 사람들이 "힘을 내, 곧 괜찮아질 거야." 하며 자신들의 아픔을 너무 쉽게 넘겨버릴지 모른다는 두려움 때문에 타인에게 털어놓기를 꺼려한다.

사람마다 각자의 상황이 다르기 때문에 침체에 빠진 사람들을 대하는 방법도 다르다. 중요한 것은 말만 가지고서 사람을 구할 수는 없다는 것이다. 서로가 구체적인 관계를 통해 사랑으로 꾸준히 도와야 하는 것이다. 사도 바울이 말한 것도 바로 그것이다. "너희가 짐을 서로 지라 그리하여 그리스도의 법을 성취하라"(갈라디아서 6:2).

1970년대 아버지는 테리라는 노숙자를 집으로 데려왔다. 테리는 서른두 살의 베트남 참전 용사였는데 심한 알코올 중독자였다. 테리는 어린 시절 성적 학대를 받은 끔찍한 기억들 때문에 종종 심한 우울증에 빠지고는 했다. 아버지는 테리의 이야기를 들어주기도 하고 조언도 해주며 함께 많은 시간을 보냈다. 또 테리가 정신과 치료를 받도록 주선해 주었다. 테리는 일 년 넘게 우리 집에 머물렀는데 우리 식구 모두가 테리를 좋아했다.

그러던 어느 날 테리는 자신을 괴롭히던 과거의 악마에게 이끌려 우리 곁을 떠나고 말았다. 그리고 얼마 후 우리는 테리가 스스로 목숨을 끊었다는 소식을 들었다. 우리 가족에게는 너무 큰 충격이었다. 특히 테리를 마음을 다해 사랑한 아버지에게는 더 없는 충격이었다. 사랑하는 가족이 죽은 것처럼 모두 슬퍼했다. 아버지는 테리를 위해 우셨고, 또한 세상의 고통과 죄 때문에 우셨다.

테리 같은 사람은 절대 변하지 않고, 도와봤자 소용없다고 생각하는 사람들이 많을 것이다. 그러나 나는 누구나 자기 아픈 과거에서 벗어나 회복될 수 있고, 자살하려는 유혹에서도 벗어날 수 있다는 것을 거듭해서 경험해 왔다.

지난 몇 십 년 동안 절망 속에서 고통스러워하는 많은 이들이 나에게 와서 신앙적인 도움을 구했다. 가족, 직업, 또는 금전 문제로 고통을 호소해 오는 사람도 있었고, 남모르는 죄와 죄책감 때문에 우울증과 자살 충동에 시달리는 사람도 있었다. 또 납득할 만한 원인을 발견할 수 없는 경우도 있었다.

오랫동안 사람들은 자살이란 단어를 공개적으로 거론하기를 피해 왔다. 우리 사회의 관용적인 분위기에도 불구하고 자살은 늘 치욕적인 것으로 여겨져 왔고, 토론의 주제로도 금기시되어 왔다. 그 원인이 어떻든 죽음에 관해 이야기하길 꺼려하는 것이 일반적이다. 그리고 자살에 관해서는 아예 입에 올리는 것조차 싫어한다.

어떤 조사에 의하면 미국에서만 15분마다 한 사람이 자살을 한다고 한다. 그리고 열 살에서 열네 살 사이의 청소년들의 자살률이 10년 전에 비해 두 배나 늘었다고 한다. 자살은 이제 우리 사회에 널리 퍼진 문제임에 틀림없다. 한번쯤 자살을 생각하지 않는 사람은 아마 없을 것이다. 그런데 왜 이런 문제를 언급하길 꺼려하는 것일까? 그것은 아마도 우리 마음이 자살이라는 절망의 무서운 현실을 거부하고 있기 때문일 것이다.

❧ ❦ ❧

나는 짐을 아주 어렸을 때부터 알고 지내 왔다. 그리고 짐이 쉐일라라는 자매와 사랑에 빠졌을 때, 두 사람의 관계가 잘 성장하도록 목회자로서 도와주는 일을 기쁨으로 여겼고 나중에는 기꺼이 결혼 주례까지 서 주었다.

두 사람의 신혼생활은 더 없이 행복했고 첫 아이도 건강하게 태어났다. 아이가 태어나고 몇 달 후, 어느 날 짐은 일을 하던 도중 갑자기 불안감에 휩싸였다. 뭔가 섬뜩한 기분이 들면서 무언가 쉐일라에게 잘못된 일이 있다는 느낌이 강하게 들었다.

짐은 쉐일라의 작업장에 전화를 했다. 아내는 그곳에 없었다. 집에 전화를 걸었더니 응답이 없었다. 불길한 예감에 휩싸인 채 짐은 집으로 달려갔다. 침대 위에 편지가 놓여 있었다. 편지를 읽던 짐은 욕실로 달려갔다. 쉐일라는 욕실 바닥에 누워 죽어가고 있었고, 그 옆에 부엌칼과 약병 같은 게 나뒹굴고 있었다.

짐은 그 동안 자기가 무심코 놓쳤던, 그리고 무시했던 경고의 징후들을 기억해 냈다. 아내는 여러 번 자신을 괴롭히던 무서운 생각들에 대해 이야기하려 했지만 그 때마다 짐은 화제를 돌리고는 했었다. 짐은 쉐일라가 이런 행동을 하도록 만든 절망이란 악마를 이해할 수 있었다. 하지만 욕실 바닥에 주저앉아 아내를 흔들며 절규하던 그 날, 짐의 머릿속에는 오로지 '왜?'라는 질문만이 맴돌 뿐이었다.

절망이란 악마는 모든 사람의 마음 언저리에 숨어 호시탐탐 기회를 엿보고 있다. 누구나 한번쯤은 절망의 섬뜩한 손길을 느껴 보았을 것이다. 절망은 우리의 가장 강력한 적 가운데 하나다. 절망이란 모든 기쁨과 소망과 자신감, 어떤 경우는 살려는 의지조차 송두리째 빼앗아간다.

종종 절망의 한 가운데에는 죄책감이 있다. 많은 사람들이 그것에 눌려 어둠속에서 세월을 보내고 있다. 오래지 않아 이들은 자살의 유혹을 받는다. 그들이 느끼는 죄책감은 근거가 있는 경우도 있지만, 스스로 만들어낸 경우도 있다. 심한 경우에는 거의 눈에 띄지도 않는 약점과 잘못이 너무 과장되어 도저히 감당할 수 없어 보일 정도로 어마어마한 절벽으로 둔갑하기도 한다.

자신이 무능하고 쓸모없다는 느낌 또한 자살의 동기가 된다. 분명한 것은 이런 감정이 정상적이라는 것이다. 때로 우리는 카프카의 《변신》에 나오는 벌레처럼 스스로 사랑 받을 가치가 없다고 느끼기도 한다. 배우자나 친구를 잃고 외로움에 시달리거나 몸을 가눌 기력조차 잃고 버림받은 느낌을 갖는 많은 노인들은 복잡한 문제들에서 쉽게 벗어나기 위한 수

단으로 안락사를 선택한다. 이들 가운데는 가족에게 짐이 되는 것을 두려워하는 사람도 있고, 무엇보다 오랜 세월 병으로 힘겹게 죽음을 기다리다 지친 사람들도 많다.

마지막으로 지적하고 싶은 것은 모든 사람들이 '악'이라는 실제로 존재하는 매우 강한 세력의 지배를 받고 있다는 사실이다. 신앙인이건, 비신앙인이건 사람은 누구나 실제적인 세력 '악'의 지배하에 있다. 이것은 성경에서 '참소자'요, '처음부터 살인한 자'라고 부르는 마귀의 짓이다.

사단은 추상적인 존재가 아니다. 사단은 실재한다. 사단은 우리의 가장 약한 점들을 알고 있기에 정신질환을 포함하여 온갖 수단을 이용해 우리 영혼을 정통으로 쳐서 넘어뜨리려고 한다.

사단은 사람들을 깊은 절망과 우울증 속에 내던져버리고 오랜 세월 동안 벗어나기 어려운 암흑의 무게로 눌러버린다. 또한 사람들이 스스로 정죄하게 만들고, 별 것 아닌 결점과 연약한 부분을 과장하게 만들어 막다른 벽으로 몰아세운다.

자살은 영적 세력들 사이의 싸움이라는 측면에서 보아야 하며 이것은 절망하기 쉬운 인간의 성향에서 벗어나 하나님의 무한하신 섭리에 의지하도록 우리를 도와준다.

자살을 시도하는 사람 중에 정말로 죽고 싶은 사람은 별로 없을 것이다. 그들의 좌절은 도움과 관심을 얻으려는 부르짖음이다. 우리는 이런 부르짖음을 절대 무시해서는 안 되며, 진지하게 받아들여야 한다. 자살에 한번 실패한 사람은 다시 자살 유혹에 빠지기가 쉽고, 만약 외부의 도움과 개입이 없다면 그 자살 시도가 성공하는 것은 시간문제다.

그렇다면 어떻게 이런 사람들을 도울 수 있을까? 여러 가지 자살 예방 프로그램이 운영되고 있고 나름대로 도움을 주고 있지만, 나는 우리가 너무 과도하게 전문가에게만 의존하고 있는 것은 아닌가 생각해 본다. 누군가 정말 절망적인 상황에 처할 경우 '전문가'가 최후의 수단이 될 수는 있다. 하지만 자기 자신을 감당할 수조차 없는 사람이 어떻게 정신분석이나 의사의 충고를 감당할 수 있겠는가?

약을 복용하는 사람의 마음도 이해할 수 있다. 하지만 우리가 잊지 말아야 할 것은 그저 그들의 말을 들어주는 것이 의외로 큰 도움이 되는 경우도 많다는 것이다. 자살의 뿌리에는 병든 영혼, 사랑에 굶주린 영혼이 있다. 아주 어린 유아기 때부터 아이들로 하여금 삶의 기쁨과 목적을 발견하도록 가르치고, 하나님을 바라보도록 안내하는 것보다 좋은 예방책은 없다.

우리 사회의 높은 자살률의 주요 원인 중의 하나는 우리가 예수님의 두 가지 계명을 망각하고 있는 데 있을지도 모른다.

"네 마음을 다하고 목숨을 다하고 뜻을 다하여 주 너의 하나님을 사랑하라 하셨으니 이것이 크고 첫째 되는 계명이요 둘째도 그와 같으니 네 이웃을 네 자신같이 사랑하라"(마태복음 22:37~39).

나는 진심으로 이 말씀이 여전히 이 세상의 깊은 절망에 대답하고 이기도록 우리를 이끌 수 있다고 확신한다.

우리가 간과해서는 안 될 또 한 가지 해결책은 기도다. 아무리 부족하고 서툴다고 하더라도 우리의 기도는 절망에 대한 최선의 치료제이다. 우리가 어떻게 기도해야 할지 모른다 하더라도 하나님을 의지할 수는 있다. 특히 시편으로 기도하는 것도 도움이 될 수 있다. 시편 기자도 곳곳에서 우리의 내면 깊은 곳의 갈망을 표현하고 있기 때문이다.

"여호와여 나의 말에 귀를 기울이사 나의 심정을 헤아려 주소서"(시편 5:1).

"내가 고통 중에 여호와께 부르짖었더니 여호와께서 응답하시고 나를 넓은 곳에 세우셨도다"(시편 118:5).

어둠의 세력이 우리를 공격해 오는데도 하나님은 멀리 계신 것처럼 느껴질 때조차도 기도는 가장 큰 힘이 되어줄 수 있다.

우리의 기도는 마치 하나님이 내려주신 밧줄을 잡고 있는 것과 같다. 우리 마음의 손이 아무리 마비되었더라도 그 밧줄을 꼭 잡고 있으면 하나님이 우리를 피난처와 자유로 끌어올려 주실 것이다. 예수님도 이렇게 말씀하셨다.

"수고하고 무거운 짐 진 자들아 다 내게로 오라 내가 너희를 쉬게 하리라 나는 마음이 온유하고 겸손하니 나의 멍에를 메고 내게 배우라 그리하면 너희 마음이 쉼을 얻으리니"(마태복음 11:28~29).

기도할 자격도 없다고 느끼는 사람에게는 로마서 8장에 위로가 되는 말씀이 있다.

"성령도 우리의 연약함을 도우시나니 우리는 마땅히 기도할 바를 알지 못하나 오직 성령이 말할 수 없는 탄식으로 우리를 위하여 친히 간구하시느니라"(로마서 8:26).

만약 자살의 유혹을 겪는 이들에게 이런 말씀조차 위로가 되지 못한다면, 이제 남은 것은 가까이 있는 이들이 그들 대신에 믿음을 가지고 다시 한 번 기도하는 수밖에 없다. 어떤 식으로도 도움 받을 수 없다고 낙담하는 사람일지라도 누군가 다른 사람이 그를 위해 기도하고 있다는 사실은 그가 자신을 완전히 포기하지 않도록 잡아줄 수 있다. 이런 기도에는 심오한 보호 능력이 있다. 도스토예프스키Dostoevsky도 이렇게 말했다. "심판 받은 자를 위한 기도는 하나님께 도달한다. 그것은 틀림없는 사실이다."

하지만 우리가 아무리 최선을 다해 막아보려고 해도 아무런 소용없이 누군가 결국 자살하려고 한다면 어떻게 해야 하는가? 예레미야 선지자는 이렇게 말했다. "여호와여 내가 알거니와 사람의 길이 자신에게 있지 아니하니 걸음을 지도함이 걷는 자에게 있지 아니하니이다"(예레미야 10:23).

그러므로 우리는 모든 수단을 다해 자살을 막아야 한다. 그렇다고 가혹하게 정죄하는 말로 하라는 것은 아니다. 상처 입은 영혼에게는 정죄가 아니라 연민이 필요하다. 이런 말을 한 예레미야 선지자 자신도 죽고 싶은 유혹을 받은 적이 있다.

"그가 나를 태에서 죽이지 아니하셨으며 나의 어머니를 내 무덤이 되지 않게 하셨으며 그의 배가 부른 채로 항상 있지 않게 하신 까닭이로다 어찌하여 내가 태에서 나와서 고생과 슬픔을 보며 나의 날을 부끄러움으로 보내는고"(예레미야 20:17~18).

이 외에도 성경에는 인생의 고통과 힘든 시기에 소망을 잃어버리는 인간의 성향을 인정하는 구절이 많이 있다. 토마스 머튼은 누가복음과 요한계시록의 어떤 구절들을 이렇게 풀이한다. "마지막 날에는 사람들에게서 더 이상 살고 싶은 욕망조차 찾아볼 수 없을 것이다. 사람들은 산더러 자기 위에 무너져달라고 소리칠 것이다. 그만큼 살아있다는 것이 저주스럽기 때문이다. 사람들은 차라리 죽기를 바라지만 죽음은 그들을 피할 것이다."

이 말은 자살이 괜찮은 것이고 타당한 선택이라는 의미가 아니다. 나는 자살이 옳지 않다고 생각한다. 그것은 그 행동 속에 하나님에 대한 반역이 포함되어 있기 때문이다. 그렇지만 사실 한번쯤 자살을 생각해 보지 않은 사람이 어디 있겠는가? 누군가 실제로 그런 생각을 행동으로 옮기려고 할 때 그들에게는 판단이 아니라 이해해 줄 사람이 필요한 것이다.

◈

자살을 시도했던 쉐일라의 이야기를 계속해 보자. 다행히 주위에서 빨리 손을 써서 그녀의 목숨을 구할 수 있었다. 쉐일라는 두 주 동안을 정신병동에서 보냈고, 자살의 유혹을 이기고 삶의 의지를 회복한 뒤 남편 짐과 함께 집으로 돌아올 수 있었다. 하지만 그들의 이야기는 여기서 끝나지 않는다. 얼마 지나지 않아 그녀를 괴롭히던 악마가 다시 나타났고 그녀는 몇 주 동안 매일 자살의 유혹과 싸워야 했다.

그후 몇년 동안 쉐일라의 삶은 감정의 기복이 극심했다. 좋을 때는 완쾌할 수 있다는 자신감과 낙관으로 가득하다가도 내리막으로 치달을 때는 약과 상담과 기도로 겨우 버틸 정도였다.

쉐일라의 고통은 마치 지옥을 통과하는 것처럼 보일 때가 많았다. 사실 쉐일라의 상태는 성적으로 문란하고 끔찍하게도 불행했던 청소년 시절에 대한 죄책감의 결과처럼 보인다. 결국 쉐일라는 자신의 죄책감에 직면해서 구원을 발견하는 것말고는 길이 없다는 것을 깨닫게 되었다.

때때로 짐과 쉐일라는 내게 와서 조언을 구하곤 했다. 내가 조언을 해줄 때도 있지만 그렇지 못할 때도 있었다. 그럴 때는 조용히 앉아 하나님의 도움을 구하는 것말고는 내가 할 수 있는 게 없었다.

자살을 시도한 뒤로 7년이 흘렀고, 이제 쉐일라는 아들 셋과 딸 하나를 키우며 더 이상 자살 충동에 시달리지 않는다. 그럼에도 두려움이나 자기 의심과 싸워야 할 때가 전혀 없는 것은 아니다. 하지만 쉐일라가 슬픔과 외로움을 느낄 때조차도 하나님은 자신을 버리지 않으신다는 확신을 확고히 붙들고 있다. "가끔 저는 하나님이 저를 붙들고 계신다는 것을 무조건 믿습니다. 그것을 느낄 수 없을 때조차도 말입니다."

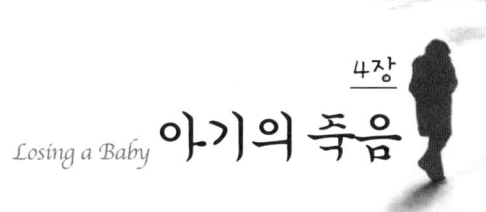

4장 아기의 죽음
Losing a Baby

 아기의 탄생은 창조의 가장 위대한 기적 중 하나다. 몇 달 동안의 기다림과 몇 시간의 산고를 겪은 후 새 생명은 세상에 태어난다. 태초부터 생명의 잉태는 커다란 기쁨을 주는 축복이었으며 하나님이 주신 선물이었다.

 "여자가 해산하게 되면 그 때가 이르렀으므로 근심하나 아기를 낳으면 세상에 사람 난 기쁨으로 말미암아 그 고통을 다시 기억하지 아니하느니라"(요한복음 16:21).

 그러나 전하는 말에, 산고를 겪는 여자는 무덤에 한 발을 들여놓은 거라고 했다. 지금 우리 시대에도 생명이 태어날 때에는 불안감이 따르기 마련이고 언제나 생명이 잘못될 수 있는 위험이 도사린다. 첫 아이 출산 때 경험한 대립적인 감정에 대해 나의 사촌인 돌리는 이렇게 썼다.

 스티븐은 예정일보다 7주 빠르게 태어났습니다. 태어나자마자 새끼 고양이처럼 울던 울음소리가 아직도 귓가에 들리는 듯합니다. 그러나 그것이 마지막 울음소리가 되리라고는 그 누구도 생각하지 못했습니다. 낳자마자 아기는 저의 품에 안겨보지도 못한 채 검사실로 급히 옮겨져야 했습니다.

그리고 두 시간 후에 저는 휠체어를 타고 신생아 특별병동으로 가서 아기를 만져볼 수 있었습니다. 아기는 1.5킬로그램도 안 되는 작은 몸집에다가 별별 장치를 몸에 부착하고 있었고 산소 호흡기를 작은 얼굴에 대고 있었습니다. 그럼에도 저는 아기가 태어난 기적에 대해 기쁨과 감사로 가득했고 아기가 살아나리라고 굳게 믿었습니다.

남편 에디는 나중에 털어놓길 그 당시 저만큼 아기의 소생에 대해 확신을 갖지는 못했다고 합니다. 남편이 그렇게 생각한 것은 1988년 아르메니아에서 지진이 일어났을 당시 그곳에서 자원봉사자로 있으면서 순간순간 뒤바뀌는 운명의 불확실함과 수많은 사람들이 고통 속에 울부짖는 것을 눈으로 직접 목격했기 때문일지도 모릅니다.

스티븐은 꼭 스물여섯 시간 동안을 이 땅에서 보냈습니다. 조산으로 인한 합병증 때문이었습니다. 아기가 죽기 여섯 시간 전 담당 의사에게 아기가 회복될 가망이 거의 없다는 말을 들었을 때 저는 흐르는 눈물을 주체할 수 없었습니다. 남편을 붙잡고 방금 의사에게 들은 말을 받아들일 수 없다고 울부짖었습니다.

우리 공동체의 의사 선생님은 이런 어려운 시간 내내 줄곧 곁에 계시면서 우리를 위로해 주셨습니다. 모두들 스티븐이 죽을 거라고 확신하는 것 같았습니다. 그 때의 심정은 어떤 말로도 표현할 수 없을 것입니다. 하지만 제가 스티븐을 놓아 주기만 한다면 이곳보다 훨씬 더 좋은 곳으로 가게 될 것을 알고 있었습니다. 아기는 제 팔에 안겨 편안히 하나님께로 갔습니다.

태어난 아기를 잃은 부모들뿐만 아니라 유산의 아픔을 경험한 부부들 또한 깊은 상처와 상실감을 겪게 된다. 이 상처는 특히 산모에게 심하게 나타나는데, 우리 이웃에 아기를 유산했던 앨리스는 이렇게 말한다.

제겐 아이가 일곱 있었습니다. 그 중 다섯째인 가브리엘의 경우에는 다른 아이들을 순산했을 때 누렸던 기쁨을 맛보지 못했습니다. 가브리엘을 임신하고 출산을 손꼽아 기다리던 어느 날 우리는 아기가 살아서 태어날 가망이 희박하다는 사실을 알게 되었습니다. 우리 부부가 정말 사랑으로 기다리던 아이였는데, 그 아이를 보내주어야 한다는 것이 도저히 믿어지지 않았습니다. 이런 일이 우리에게 일어나리라곤 상상도 하지 못했습니다. 왜 우리가 이런 일을 당해야 하는지 납득할 수가 없었습니다.

우리는 여러 번의 초음파를 통해 뱃속에 있는 아기를 보았습니다. 살아 움직이는 우리 작은 아기를 보면서 얼마나 기뻐했는지! 그런데 어느 날 아기의 심장이 더 이상 뛰지 않는 것이었습니다. 다시 한 번 검사를 했지만 이번에도 아기의 심장은 뛰지 않았습니다. 우리의 귀여운 아기는 우리 곁을 영영 떠나버린 것입니다.

유산을 한 뒤 앨리스가 귀엽고 자그마한 아기의 몸을 부드러운 천에 싸서 친구가 예쁘게 만들어준 관에 넣는 모습이 지금도 기억에 생생하다. 우리는 부부와 함께 묘지로 가서 아기를 묻어주었다. 후에 그 때의 경험을 돌아보며 앨리스는 이렇게 말한다.

부모가 자신들의 슬픔을 정면으로 직면하도록 그냥 내버려두는 것, 심지어는 그렇게 하도록 옆에서 격려하는 것이 중요하다고 생각합니다. 만일 부모가 이것을 피한다면 마음의 치유를 발견하는 데 오랜 세월이 걸릴지도 모릅니다. 아니면 아예 상처에서 회복하지 못할 수도 있습니다. 당장 마음의 평안이 찾아오지 않는다고 해도 놀라지 말아야 합니다. 부모들은 참으로 아파할 준비가 되어 있어야 합니다. 슬픔은 언제까지고 우리 곁을 떠나지 않을지도 모릅니다. 하지만 슬픔 중에서도 우리는 평안을 찾을 수 있어야 하는 것입니다.

태아의 죽음은 고통스러운 사건일 뿐만 아니라 믿음의 모진 시험이기도 하다. '그렇게 죽을 거라면 왜 하나님은 아기를 주신 거지?' 이런 의문이 우리를 괴롭힌다. 우리 어머니도 유산한 경험이 두 번 있으신데, 이런 의문에 답을 찾지 못했노라고 대답하셨다. 하지만 하나님은 실수하지 않으신다는 믿음, 그리고 모든 생명은 창조자의 흔적을 가지고 있기에 아무리 짧은 삶도 저 하늘나라의 메시지를 전해 준다는 믿음 안에서 어머니는 위로를 발견하셨다.

확실히 죽음은 누구도 만족스럽게 설명할 수 없는 신비임에 틀림없다. 하지만 그렇다고 우리가 죽음을 피해야 한다는 것은 아니다. 우리 문화는 죽음을 회피하려고 한다. 특히 사고나 부검으로 시체가 흉측한 모양을 하고 있을 때 더욱 그렇다. 의학계나 종교계에 있는 많은 사람들은 관 뚜껑을 닫아 끔찍한 모습을 보지 못하게 해서 가족을 보호하자고 주장하지만 그런 노력도 별로 도움이 되지는 못한다.

결국 죽음이란 것은 그 누구도 피할 수 없는 것이다. 죽음의 충격을 완화시키려는 어떤 노력도 이 사실을 바꿀 수는 없다. 앨리스의 경우와는 달리 죽은 아기를 볼 수 없었던 제인은 이렇게 말한다.

우리 첫 딸은 사산아였습니다. 우리는 그 아기를 태어난 다음 날 묻어 주었습니다. 그 날은 아기 아빠의 생일이었죠. 그런

데 가장 가슴 아픈 일은 제가 그 아기를 한번 안아보지도 못했다는 것입니다. 아기는 고통스럽고 오랜 진통 후에야 태어났습니다. 그 때문에 저도 몸 상태가 매우 좋지 않았고 남편 혼자 모든 일을 감당해야 했습니다.

의사는 남편에게 아기를 부검하기 위해 검사소로 보내도 좋겠냐고 물어왔고 남편은 동의했습니다. 아무 문제가 없는 정상적인 임신이었기에 의사들은 아기가 왜 태어나기 직전에 죽었는지 알고 싶었던 것입니다.

하지만 사인은 발견되지 못했고, 우리는 아기가 병원으로 되돌아온 후에도 볼 수 없었습니다. 아기의 몸이 완전히 해부되고 절단되었기 때문에 보지 않는 것이 좋겠다며 의사가 우리를 설득했기 때문입니다. 저도 몸이 위험한 상태에 있어서 두 주간 특별병동에서 치료받는 중이었습니다. 결과적으로 저는 우리 아기를 한번도 볼 수 없었던 것입니다.

벌써 22년이 흘렀건만 남편과 저는 여전히 그 때 일을 입에 올리길 꺼려합니다. 우리 두 사람에게는 여전히 가슴을 저미는 아픔으로 남아있습니다. 우리 아기를 그렇게 되도록 나뒀다는 사실에 우리는 머리를 뜯고 싶을 정도로 후회하고 있습니다. 우리는 나중에야 그것이 얼마나 바보짓이었는지 알게 된 것입니다.

이런 경험을 통해 보면 사산아들도 다른 정상아들처럼 생명을 가졌었고 영원한 영혼을 가지고 있다는 것을 그 부모들이 받아들이도록 도와주는 것은 매우 중요한 일임을 알 수 있다. 하나님이 이 작은 영혼을 창조하신 것에는 분명 어떠한 목적이 있다. 이러한 확신은 자기 자녀의 짧은 삶에 어떤 의미를 부여하고자 몸부림치는 부모들에게 큰 위로가 될 것이다.

죽은 아이에게 이름을 지어주는 것은 큰 치유 효과를 줄 수 있다. 다른 자녀들과 그 아기에 대해 이야기를 한다거나, 훗날 아기를 떠올리고 기억할 수 있도록 아기의 사진을 찍어두고 키와 몸무게를 알아두고 발바닥 도장을 찍어두는 것도 부모들의 상처를 치유하는 데 도움이 될 수 있다. 러시아의 대 문호인 레오 톨스토이Leo Tolstoy도 자녀를 잃은 적이 있다. 그는 이렇게 썼다.

'왜 아이들이 죽는 것일까?' 이 질문을 얼마나 많이 나 자신에게 물었는지 모른다. 나뿐만이 아니라 수많은 부모들이 똑같은 질문을 던졌을 것이다. 그럼에도 나는 아직 답을 얻지 못했다. 그러나 최근에 나는 사람이 인생에서 해야 할 한 가지는 자기 안에 사랑을 키워나가는 것, 그러면서 동시에 그 사랑을 다른 사람에게 전해서 그들 안에도 사랑이 자라도록 하는 것이라는 확신을 가지게 되었다.

우리 아이는 그런 삶을 살았기에 우리 식구들 안에 동일한 사랑을 불러일으켰다. 그리고 우리 아이가 가족을 떠나 사랑 그 자체이신 하나님께 가게 된 후, 우리 가족은 그 어느 때보다 서로 더 가까워졌다. 아내와 나는 살아오면서 지금처럼 가까운 적이 없었다. 이전과는 다르게 우리 부부는 지금 서로 사랑의 필요성을 절감하고 있으며 둘 사이의 불화나 아주 작은 죄에 대해서도 무척 혐오감을 갖게 되었다.

하지만 아이를 잃는 고통으로 부모들이 누구나 가까워지는 것은 아니다. 실제로는 둘의 관계가 심각한 위기에 놓이게 될 수도 있다. 돌리는 이렇게 떠올린다.

장례식을 치른 후 더욱 힘들어졌습니다. 저는 자주 혼자 스티븐의 무덤에 가서 많이 울었습니다. 사람들은 너무 빨리 상투적인 말들로 우리를 위로하려고 합니다. 고통과 슬픔이 부부를 더 가깝게 해 줄 거라는 위로도 그 중 하나입니다. 그럴 수도 있겠죠. 하지만 반대로 아이의 죽음으로 인해 부부 사이에 긴장이 초래될 수도 있습니다. 저희 부부의 경우가 그랬습니다.

   저는 남편 에디가 아무 어려움 없이 직장생활을 해나간다는 것이 도저히 이해되지 않았습니다. 제가 보기에 그는 너무 냉정했고 눈물도 흘리지 않았습니다. 저는 너무 감성적이라 몇 달을 더 이상 눈물이 나오지 않을 때까지 울었습니다. 하지만 공동체 식구들의 기도와 실질적인 도움으로 차츰 남편에디도 자신의 방법대로 고통과 슬픔을 겪고 있다는 사실을 알게 되었습니다.

만약 공동체 식구들의 이런 따뜻한 조언이 아니었다면 우리 결혼생활은 위험한 지경까지 갔을 것입니다. 하지만 다 끝난 것은 아닙니다. 저는 지금도 가끔 갑자기 울음을 터뜨려 남편을 놀라게 합니다.

아이의 죽음으로 인한 상처는 결코 회복될 수 없습니다. 저는 이제 이 슬픔을 제 일부로 받아들이게 됐습니다. 저는 스티븐 이후로 아기를 낳을 때마다 이 아픔이 끝나길 소망했습니다. 하지만 비록 무뎌지기는 했지만 언젠가 스티븐을 다시 만날 때까지는 사라지지 않을 것입니다.

갓난아기나 어린아이가 죽는 사건을 겪을 때마다 세상은 우리의 본향이 아니며, 이 땅에서의 삶은 꽃과 풀처럼 짧다는 것을 상기하게 된다. 아기가 태어난 지 몇 시간 되지 않았다 해도, 또 아기를 사랑할 수 있던 시간이 몇 시간이건 며칠이건 아니면 몇 달이건 상관없이 그 고통은 정말 극복하기 힘들어 보인다. 그 상처는 결코 치유될 것 같아 보이지 않는다. 그럼에도 비록 더디고 눈에 띄지는 않더라도 예수 안에서 치유가 이루어진다는 사실을 비탄에 빠진 부모와 함께 믿는 것 외에 할 수 있는 일이 없다.

갓 태어난 아기에게서 우리는 순결함과 완전함을 본다. 그리고 온 우주가 구속되어 모든 피조물이 다시 완전해지고 죽음이 사라질 그 날을 고대한다. 성경에서도 확증하듯이 우리는 그런 일이 그리스도가 다시 오실 때에 이루어질 거라고 믿는다. 아래는 작가 조지 맥도널드George Macdonald가 자식을 잃고 쓴 글이다.

하나님은 우리 머리털까지 세시는 분이다. 우리 아이가 우연히 세상에 태어나는 것이 아니고, 어떤 보살핌이나 의학의 힘으로 생명이 유지되는 것도 아니다. 모든 것이 하나님의 섭리에 의해 이루어지는 것이다. 이 모든 것을 믿으면서도 우리가 죽음에 대해 절규하는 것은 부끄러운 일이다.

소중하고 가장 사랑하는 사람일지라도 우리는 잠시 기다릴 수 있다. 그들은 그들의 아버지, 당신의 아버지, 우리의 아버지에게 돌아갔기 때문이다. 우리의 때가 오면 당신과 우리의 기쁨이 차고 넘치게 될 것이다.

5장
Reverence 경외감

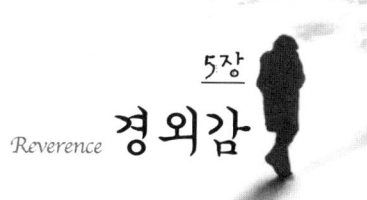

 루비는 둘째 아이 앤을 낳고서 그 날 밤을 아무 걱정 없이 기쁨으로 보냈다. 그 기쁨은 당연한 것이었다. 정상적인 임신이었고 아기는 예쁘고 건강했다. 첫째 아이인 데이비드도 건강하게 잘 자라고 있었다. 하지만 이틀 후에 앤은 죽고 말았다. 앤의 아빠인 덕은 그 때를 이렇게 회상한다.

 아내에게 진통이 시작되자 우리는 몇 마일을 걸어서 병원에 갔다. 그리고 몇 시간 후 예쁜 딸아이를 안고 무척 기뻐했다. 하지만 의사는 분만할 때 뭔가 이상이 있다는 것을 느꼈다. 그러나 우리에게는 말하지 않았다. 우리는 그 사실을 모른 채 딸을 얻은 기쁨에 들떠서 그 날 밤을 보냈다.
 다음 날 아침 의사는 아기 상태가 정상이 아니라며 큰 병원으로 옮겨야 한다고 했다. 그래서 아내와 함께 아기를 다른 병원으로 옮겼는데, 그곳에서 출산을 하지 않았다는 이유로 아내의 입원은 허락되지 않았다. 할 수 없이 아이만 남겨두고 아내를 집으로 데려와야만 했다.

집에서 소식을 기다리는 동안 얼마나 마음을 졸였는지 모른다. 한 시간이 며칠처럼 길게 느껴졌다. 우리가 할 수 있는 일은 아무것도 없었고, 그 병원과 직접 연락할 방법도 없었다.

이튿날 아침에서야 병원으로부터 사랑스런 아기가 생명을 잃었다는 연락을 받았다. 아내에게는 어떤 말도 위로가 되지 못했고, 계속해서 울기만 했다. 의사가 문제의 원인을 설명하면서 의학적으로 다시 아기를 가질 수 있는 가망이 없다는 암시를 했을 때 우리의 고통은 한층 더해졌다.

나는 아내를 집에 남겨두고 아기를 찾으러 병원으로 갔다. 병원에서는 지방법에 따라 아이의 시체를 관할 장의사에게 넘겼다고 했다. 장의사에게 찾아가자 처음에는 친절하게 맞는 듯했다. 그런데 내가 관을 사거나, 장례식을 의뢰하러 온 게 아니라는 것을 알자 이내 쌀쌀해지더니 옆 방으로 들어가 버렸다.

나는 접수대에서 기다렸다. 직원이 다시 들어오는데, 나는 내 눈을 믿을 수 없었다. 한 손으로 아기의 발을 잡은 채 거꾸로 들고 있는 게 아닌가! 아내가 우리 딸을 위해 만든 이불을 다 펼치기도 전에 직원은 아기를 요람에 떨어뜨렸다. 그 사람은 혐오스러울 정도로 냉정했다.

나는 오랜 시간 혼자 차를 몰고 오면서 그 장의사 직원을 용서할 마음을 가지기 위해 나 자신과 힘겨운 싸움을 해야 했다. 나는 가슴이 찢어지는 분노와 슬픔을 삼키면서 아기를 집 근처 무덤에 묻어주었다.

극단적인 경우일지 모르지만 덕과 루비의 이야기는 오늘날 이 사회를 지배하는 분위기가 어떠한지를 잘 보여주고 있다. 그런 분위기를 무정함, 무관심, 아니면 다른 어떤 단어로 이름 짓든지 간에 모두가 생명 존중의 결핍(생명의 상실)이라는 한 뿌리에서 나온 것이고 단지 여러 다양한 모양으로 드러났을 뿐이다.

이런 분위기는 '전문성'이라는 명목으로 환자 이름 대신 입원실 번호를 부르는 병원에서 볼 수 있고, 장례비용을 아끼는 것은 고인에 대한 예의가 아니라며 사치를 부추기는 장례식장에서도 볼 수 있다. 또 자녀들이 유산 때문에 싸우는 동안, 죽어 가는 부모는 평화로운 죽음을 맞을 수 없는 그런 곳에서도 마찬가지로 나타난다.

진지함과 깊이를 잃어버린 요즈음, 다른 사람의 고통과 슬픔을 함께 공감할 능력이 없어서 억지웃음으로 얼버무리는 사람들의 모습에도 생명에 대한 불경스러운 태도가 스며있다. 앞장에서 언급한 매트의 어머니인 린다도 이런 태도가 힘든 상황을 더 어렵게 만들었다고 말한다.

의학적으로 볼 때 매트가 살아날 가망이 없다는 최종 진단이 내려지고 얼마 후에 한 이웃 사람이 좋은 뜻이었겠지만, 명랑하게 제 남편에게 우리 아들이 반드시 이겨낼 것이라고 말한 적이 있습니다. "매트는 죽지 않을 거예요. 전 알아요. 매트는 분명히 죽지 않을 거예요."

물론 우리도 그렇게 믿고 싶었습니다. 하지만 매트의 병세가 급속히 악화되고 있는데 그런 말은 거짓 희망을 불어넣는 것밖에 안 됩니다. 그것은 옳지 않은 일입니다.

그리고 며칠 후 매트의 한 친구가 집에 들러 매트에게 여전히 기적이 일어나도록 기도한다고 말했습니다. 그러자 매트는 이렇게 대답했습니다. "고마워, 하지만 이미 늦은 것 같아. 이제는 오히려 마음의 평안을 유지하는 일이 더 중요해."

린다는 매트가 죽기 전 마지막 한 주간 동안, 사람들에게는 전반적으로 죽음에 대한 경외감이 부족하다는 것을 느끼며 힘든 시간을 보냈다. 매트의 친구뿐만이 아니었다. 심지어 매트 자신에게도 그런 면이 있었던 것이다.

매트가 죽기 3일 전에 한 친구가 매트를 생각해서 비디오테이프를 한 묶음 가져왔습니다. 저는 매트가 이 땅에서 보내는 마지막 시간들을 이런 오락거리로 허비해서는 안 된다며 말렸고, 이 일로 다른 가족과 의견대립이 있었습니다.

전에도 매트가 아파 누워 있는 동안 사람들은 줄곧 비디오테이프를 가져왔습니다. 사람들이 좋은 의도로 그렇게 한다는 것을 알면서도 저는 마음이 늘 불편했습니다. 그리 볼 만한 내용이 아닌 것도 몇 개 있긴 했지만, 문제는 비디오의 내용이 아니었습니다. 제가 볼 때 매트는 현실 도피 수단으로 비디오를 자주 이용하는 것 같았습니다. 전 그것이 건강하지 못한 방법이라고 생각했습니다.

사실 사람들이 가져오는 것 중에는 비디오만 그런 것이 아니었습니다. 음악 CD, 포스터, 헤드폰, 라디오, 스피커가 여섯 개 달린 스테레오 세트, 인터넷에서 음악을 내려 받는 장치 등등.

남편과 이 문제를 가지고 대화하는 중에 저에게는 이런 의문이 생겼습니다. 암과 싸우는 사람에게 애정을 표현하는 방법이 이런 쓰레기 같은 물건들을 무더기로 주는 것말고는 없는 것일까? 이런 물질적인 방법이 매트에게 위로가 되는 것은 분명합니다. 하지만 어쨌든 이런 것들은 단지 물건에 불과합니다. 이것들은 매트로 하여금 삶과 죽음의 현실 문제를 도피하게 만듭니다. 매트도 나중에는 그런 자신의 모습을 발견하고는 방에서 그런 물건들을 대부분 치워버렸습니다.

어쨌든 저는 매트가 자신의 인생에서 마지막 오후가 될지도 모르는 시간을 영화나 보면서 허비하는 것이 걱정스러웠고 매트에게도 솔직히 말했습니다. 하지만 매트의 생각은 완전히 달랐습니다. "저는 그냥 웃고 싶고, 다만 몇 시간만이라도 모든 일을 잊고 싶을 뿐이에요. 어떻게 지금 저에게 윤리적인 기준을 강요하실 수 있으세요?" 매트는 무척 화를 냈습니다.

저도 눈물이 났습니다. 이런 생각이 들더군요. '이 가여운 아이는 그저 몇 시간만이라도 벗어나고 싶은 것인데. 이 아이도 좀 즐겁게 지낼 권리가 있지 않은가?' 그 때 마침 저는 죽음에 관한 책을 읽고 있었습니다. 저자는 죽음을 기다리는 사람에게 평화로운 분위기를 조성해 주는 것이 얼마나 중요한지 강조했습니다. '절대 집안에 싸움이 있어선 안 된다'고 했죠. 그런데 저는 오히려 그 당사자와 말다툼을 하고 있는 것이었습니다. 가슴이 정말 찢어지는 것 같았습니다.

저도 영화 보는 것을 좋아합니다. 하지만 동시에 그것이 우리가 직면해야 하는 힘든 일을 피하게 하는 탈출구가 되기 얼마나 쉬운지도 알고 있습니다. 저는 암이라는 특정한 문제만을 두고 하는 이야기가 아닙니다. 어떤 어려움에 처해 있건 그걸 극복해 나가려고 한다면, 우리는 주의를 다른 곳으로 돌리는 것이 아니라 우리에게 힘을 주는 것들에 눈을 고정시켜야 합니다.

다른 한편으로는 이런 생각도 들었습니다. '내가 너무 윤리적으로 다그쳐서 매트가 화가 났어. 그 아이의 말에 귀를 기울여야 돼. 아마 내가 마음에 새겨야 할 뭔가를 표현하고 있을지도 몰라. 하여간 그 애는 죽어가고 있지 않은가! 하지만 그 애는 아직도 내 아들이고, 도피하는 것은 그 아이에게도 나쁘지 않은가? 그 아이에게 정말이지 중요한 것을 말하지 말고 잠자코 있어야 한단 말인가?' 정말 그 때만큼 제 인생에 힘든 시간도 없었습니다.

시간이 지나고 매트는 내가 무슨 마음으로 그런 말을 했는지 다 이해한다고 말했습니다. 매트도 마음 깊은 곳에서는 자신에게 남은 시간이 별로 없는 이 시기에 영화를 보는 것이 시간 낭비라는 것을 느끼고 있다고 했습니다. 그리고 자신도 이 시간을 다른 사람들과 함께 보내고 싶다고 하더군요. 그리고는 내가 강하게 말해준 것에 대해 고맙다고까지 했습니다.

경외감을 갖는 것이 꼭 침울하고 심각한 얼굴을 하라는 것은 아니다. 경외감은 그런 태도와는 거리가 멀다. 캐롤이 유방암 판정을 받은 후에 마음이 침체되지 않았던 것은 무엇보다 그녀의 엉뚱한 유머 때문이었다.

한번은 아는 사람들 모두에게 각자 가장 재미있다고 생각하는 유머를 편지로 보내 달라고 요구했다. 그리고 그 편지들이 다 도착했을 때 한데 묶어 책자로 만들어 표지에 이렇게 썼다. '마음이 우울하거나 즐거운 웃음이 필요할 때 보는 책' 캐롤의 경우는 그녀의 엉뚱한 행동에 동참하지 않는 것이 오히려 경외감이 없는 태도일 것이다. 죽기 바로 전에 캐롤은 내게 이런 편지를 썼다.

솔직하게 말하면 저는 때가 되었을 때 (흔히들 말하듯) 사람들이 '죽은 이들이 하늘나라로 올라간다'는 식의 찬송을 부르지 않았으면 좋겠어요. 그런 노래들의 가사가 깊은 의미를 가지고 있다는 것은 잘 알고 있어요. 하지만 무슨 이유인지는 몰라도 그런 노래를 들으면 이 세상에서 가장 우울한 것들이 생각납니다. 그러지 말아야지 하면서도 저도 모르게 그렇게 되는 걸요. 저는 힘이 필요합니다. 싸울 힘 말이에요.
정말이지 사람들이 모두 침울한 얼굴로 제 옆에 서 있는 것은 상상만 해도 소름이 끼칩니다. 죽음이 항상 무겁고 침울해야만 하나요? 오히려 제가 떠나는 날에는 우리 집 바깥 운동장에서 신나는 야구경기가 있었으면 좋겠어요. 그리고 신나는 음악을 틀어놓으면 좋겠어요.

그렇다면 경외감이란 무엇인가? 사전에는 '존중하다. 경의를 표하다'로 나와 있다. 하지만 아직 확실한 의미가 잡히지는 않는다. 내가 경험한 바에 의하면 경외감은 체험을 통해서만 알 수 있는 것이다.
이 장 앞 부분에서 부모의 Rh 부적합증의 결과로 출생 하루 만에 숨진 앤의 이야기를 했다. 몇 년 후 발전한 의학 덕분에 덕과 루비는 새롭게 희망을 가질 수 있게 되었고, 마침내 임신을 할 수 있었다. 하지만 불행하게도 또 다시 아기를 유산했다.

그러나 이번에는 (덕의 표현대로) '경외감이 주는 회복 효과' 덕택에 고통을 견딜 수 있었다. 두 사람의 기대가 컸으므로 아기의 죽음이 더욱 고통스러웠다. 하지만 이번에는 외로움과 냉정한 장의사 대신에 이웃들의 사랑이 함께했고, '어떠한 생명이라도 그것을 향한 소망은 결코 헛되지 않다'는 목사님의 격려가 두 사람에게 큰 힘이 되어 주었다.

밤중에 달빛 아래 전등을 가지고 덕과 아내가 아기를 묻으러 묘지에 도착했을 때, 두 사람은 전혀 두렵거나 무섭지 않았다고 한다. 그 때는 오히려 '광명의 하늘나라로 걸어가는' 느낌이었다고 한다.

Part 2

준비

Be not Afraid

마크가 곧 하늘나라에 가면 거기서 엄마 아빠를 기다려야 된다고,
그 때 다시 만나 함께 살자고 말하면서 울음을 삼켰다.

6장 어린아이 같은 영혼
The Childlike Spirit

　어른들은 보통 인생의 수수께끼를 풀고자 사건을 파헤치고 원인을 분석하는 데 온갖 노력을 기울인다. 어떤 경우는 해답을 발견하기도 하지만 대부분은 그렇지 못하다. 특히 질병과 죽음의 경우에는 우리의 이해를 뛰어넘는 신비의 요소가 우리를 딱 가로막고 서있는 것처럼 보인다.

　하지만 아이들에게는 상황이 완전히 다르다. 아이들은 어른보다 신비를 훨씬 더 쉽게 받아들이기 때문이다. 비록 어른들이 볼 때 시시한 것들에 마음을 빼앗기는 것이 아이들이긴 하지만, 그들은 인생을 감추어진 그대로 받아들일 줄 알며 의심이나 미래에 대한 걱정에 사로잡혀 고민하지 않는다. 어른들이 야단법석을 떨고, 과장하고, 확대 해석하는 문제들을 아이들은 있는 그대로 바라본다.

　1999년 4월 콜럼바인 고등학교 총기사건의 희생자로 화제가 되었던 캐시 버넬이 좋은 예가 될 것이다. 범인들은 학교 도서관에서 캐시에게 총을 들이대며 하나님을 믿느냐고 물었다. 그러자 캐시는 용감하게 대답했다. "그래, 믿어!" 그리고 대답이 끝나자마자 범인은 방아쇠를 당겼다.

사건 직후 국제 언론들은 캐시를 현대의 순교자요, 용기와 신념의 상징이라고 치켜세웠다. 한편 캐시의 가장 친한 친구들은 캐시의 용감한 행동을 격하시키려는 뜻 없이, 캐시 역시 그 또래가 겪는 고민과 한계를 가진 평범한 십대라는 사실을 강조했다. 캐시의 학교 친구는 캐시 어머니에게 이렇게 말했다.

> 사람들은 캐시를 순교자라고 말하는데 만약 그것이 캐시가 의인이고, 거룩한 사람이고, 늘 성경만 읽었다는 의미로 말하고 있는 거라면 크게 잘못 생각하는 것입니다. 왜냐하면 캐시는 그런 아이가 아니었으니까요. 캐시는 다른 애들처럼 평범한 아이였어요. 사람들이 캐시의 영웅담을 퍼뜨리고, 인터넷 사이트를 열고, 기념품을 만들어 파는 것을 보면 캐시도 아마 무척 놀랄 거예요. 캐시도 분명 자기를 떠받드는 사람들에게 자기는 정말 다른 사람과 다르지 않다고 말하고 싶을 거예요.

캐시가 놀란 눈을 깜박거릴 이유가 또 있다. 사람들이 자신의 순교의 의미에 대해 야단법석을 하는 모습 때문이다. 어린아이 같은 신앙을 가진 캐시에게 그런 광경은 무척 당황스러울 것이다. 캐시의 어머니 미스티는 이렇게 회상한다.

> 캐시가 죽기 한두 주 전 어느 날 함께 식탁에 앉아 이야기를 하는 중에 어쩌다 죽음에 대한 이야기가 나왔어요. 캐시는 이렇게 말했죠. "엄마, 난 죽는 게 무섭지 않아. 천국에 갈 테니까." 저는 그 아이에게 "네가 죽는다는 걸 상상도 해보지 않았단다. 너 없이 엄마가 어떻게 하루라도 살 수 있겠니?"라고 말했습니다. 그랬더니 캐시는 이렇게 대답하더군요. "하지만 엄마, 나는 더 좋은 곳으로 가는 거야. 그렇다면 엄마는 슬퍼하지 말고 기뻐해야지."

사건 후에 생각해 보면, "엄마, 나는 더 좋은 곳으로 가는 거야."라고 캐시가 죽은 후의 삶에 대해 한 말은 신비한 면이 있다. 그리고 이 말은 외동딸을 잃은 엄마의 슬픔을 조금이나마 달래주었다.

✿ ❀ ✿

금발 머리에 푸른 눈을 가진 행복한 꼬마 피트는 모래 상자에서 장난감 자동차와 트럭을 가지고 놀기를 무척 좋아했다. 1960년 8월, 피트는 유치원에서 브롱스 동물원으로 소풍을 가게 되었을 때 흥분으로 들떠 있었다. 피트는 동물원에 가는 날 새로 산 운동화와 가장 좋은 셔츠를 입었다. 그런데 그 날이 피트의 마지막 날이 되리라고는 그 누구도 상상하지 못했다.

오후 세 시 즈음 병원에서 전화가 왔다. 엄마 메리가 즉시 병원으로 달려갔다. 메리는 병원 안내소에서 피트가 위급한 상태에 있다는 말을 듣고 가슴이 내려앉는 것 같았다. '왜? 어떻게? 도대체 무슨 일이 일어난 거지?' 메리는 공동체에 전화를 했다. 소식을 듣고 모두가 놀라서 모였다. 그리고 어떻게 도울 수 있을지를 궁리하며 그 어린 영혼을 위해 기도했다.

휴진인 날임에도 불구하고 출근한 의사의 노력에도 피트는 혼수상태에서 깨어나지 못했고 상태는 점점 악화되었다. 의사도 메리와 같이 피트의 침대 곁에 말없이 앉아 있을 수밖에 없었다. 저녁 열 시 무렵 피트는 결국 숨을 거두었다. 아무도 피트의 죽음을 믿을 수 없었다. 출장에서 황급히 돌아오던 피트의 아버지가 아직 도착하지도 않았는데 피트는 세상을 떠난 것이다.

그 다음 날 메리는 동물원에서 있었던 일을 듣게 되었다. 다른 아이들이 원숭이들의 재롱에 푹 빠져 있을 때, 선생님들은 방금 전까지 함께 있던 피트가 사라졌다는 것을 알게 되었다. 선생님들은 동물원 사무실에 신고를 하고 피트가 갈 만한 곳을 샅샅이 뒤졌다.

결국 한 선생님이 피트가 주차장에 세워놓은 차 뒷좌석에 의식을 잃은 채 몸을 오그리고 있는 것을 발견했다. 피트가 어떻게 동물 우리들을 지나 수많은 사람들을 헤치고 미로같이 생긴 주차장으로 가서 유치원 버스를 찾았는지는 알 수 없었다.

피트가 죽은 다음 날, 공동체 식구들은 피트의 갑작스러운 죽음을 믿을 수 없어 경악과 침묵 가운데에 지냈다. 메리와 웬델뿐만이 아니라 공동체의 모든 부모와 교사들은 그 갑작스러운 사건에 가슴이 내려앉는 아픔을 느꼈다.

하지만 아이들은 그렇지 않았다. 아이들은 훨씬 더 실제적이다. 바로 전 날 아이들은 동물원에서 동물을 구경하고 있었다. 그리고 지금 아이들은 피트가 새 집인 천국에서 무엇을 보고 있을까 궁금해 하며 별과 은하수와 구름과 무지개 사이로 피트를 안고 날아다니는 천사 그림을 큼지막하게 그리는 것이었다. 그리고 아이들은 피트가 좋아하는 노래를 계속해서 불렀다. 반대로 어른들은 장례까지 치른 뒤에도 피트가 죽었다는 사실을 받아들이기 힘들어했다.

40년이 지난 지금 세월이 지나면서 메리의 아픔은 많이 누그러졌지만, 왜 그리고 어떻게 피트가 죽었는지는 여전히 신비라고 말한다. 하지만 그런 생각이 메리로 하여금 사건을 받아들이지 못하게 하는 것은 아니다. 피트의 반 아이들처럼 메리도 하나님을 신뢰하는 가운데 평안을 찾았다.

하나님은 우리에게 말씀하셨고, 그 당시는 그 말씀을 이해할 수 없었지만 결국 우리는 그분의 뜻을 받아들였습니다. 36년이 지난 지금 되돌아보니 하나님이 아이를 데려가실 때 말씀하시고자 하는 것을 이해하기에는 인생이 너무 짧다는 생각이 듭니다. 그러나 중요한 것은 하나님이 그 일을 통해 말씀하고 계신다는 것을 믿고, 그것을 이해하기 위해 마음을 다해 구하고 찾는 것이지요.

오래 전에 내가 아는 또 다른 가정이 아이를 잃었다. 그것은 암 때문이었다. 마크 존의 죽음은 갑자기 찾아오지 않았다. 하지만 이 사건도 어린아이 같은 영혼이 죽음에 뒤따르는 음울한 어둠을 얼마나 잘 이겨내는지, 그리고 죽음의 사건을 어떻게 구원의 경험으로 승화시키는지 잘 보여준다. 마크 아빠가 일기에 쓴 글이다.

담당 의사는 마크를 뉴욕에 있는 병원으로 옮겨서 더욱 정밀한 화학요법과 아직 실험 단계에 있는 다른 치료들을 받아보라고 제안했다. 그 방법이 마크의 치료에 어떤 도움을 줄 수 있느냐고 묻자, 의사들은 그저 잘하면 아이의 생명을 2개월 내지 8개월 연장할 뿐이라며 말꼬리를 흐렸다. 무언가 꺼림칙해서 자꾸 캐묻자 의사들은 마지못해 아이에게 엄청난 고통이 따를 것이며 잘못되면 목숨을 잃을 수도 있다고 털어놓았다.

우리는 아이의 생명이 짧아지더라도 차라리 집에 데려와 가족 곁에 있게 하자고 결정을 내렸다. 사실 부모로서 가슴이 미어지는 갈등이 있었지만 오직 하나님만이 우리와 아기의 생명을 주관하신다는 것을 믿었다.

마크는 하루가 다르게 기운을 잃어갔다. 몇 주가 지난 어느 날, 공동체의 장로님인 하인리히 아놀드가 예배 시간에 아이를 데려와서 함께 기도하자고 말했다. 우리 부부는 예수님이라면 아이를 치료하실 수 있다는 것을 믿었다. 하지만 예수님이 아이를 데려가시길 원하실 수도 있다는 것 또한 잘 알고 있었다.

예배는 그리 길지 않았다. 장로님은 먼저 예수님이 얼마나 세상의 모든 어린아이들을 사랑하시는지 말씀하셨다. 그 다음에는 모두 함께 하나님의 뜻이 이루어지길, 그리고 우리가 그 뜻을 받아들일 마음이 되도록 기도했다.

그 해 부활절은 우리에게 아주 특별한 의미를 남겨 주었다. 예수님의 고난과 뼈 속까지 스며드는 고통, 하나님께 버림받으심, 그리고 부활과 모든 믿는 자들에게 주신 놀라운 약속 등을 마음에 새겨 볼 수 있는 귀한 시간이었다. 마크에게도 분명히 믿음이 있다. 마크는 예수님이 우리에게 말씀하셨듯이 '어린아이같이' 믿은 것이다.

부활절 아침, 마크 엄마는 아이를 데리고 산책을 하면서 하늘나라와 천사들 그리고 예수님에 대해 이야기해 주었다. 그리고 마크가 곧 하늘나라에 가면 거기서 엄마 아빠를 기다려야 된다고, 그 때 다시 만나 함께 살자고 말하면서 울음을 삼켰다. 아이는 내내 얌전히 듣더니 고개를 끄덕이기도 하고, "알았어요, 엄마."라고 대답까지 했다. 마크는 집에 돌아오자 제 누나에게 달려가서는 기쁨에 찬 얼굴로 속삭였다. "누나, 나 이제 날개 생긴다!"

그리고 얼마 후 마크는 한 쪽 눈의 시력을 잃었다. 충격에 아이는 울음을 터뜨렸고 온 가족의 가슴은 미어지는 것 같았다. 예수님이 아이를 데려가시기 전에 두 눈이 멀면 어떻게 한단 말인가? 제발 그런 시련만은 피해가길 얼마나 마음 졸였는지 모른다.

한번은 아이와 함께 침대에 누워 있는데 마크가 벽에 걸린 그림을 가리켰다. 선한 목자 예수님이 어린 양을 보호하려고 감싸고 있고, 사나운 새들이 양을 노리며 머리 위를 맴돌고 있는 그림이었다. 그림을 보며 우리 부부는 어린 마크의 머리 위에도 사나운 새들이 맴돌고 있다는 생각을 했다. 마크는 그림을 보며 한참 골똘히 생각하더니 무슨 그림이냐고 물었다. 그래서 예수님은 선한 목자시고 우리는 모두 그분의 양이라고, 마크도 역시 예수님의 어린 양이라고 말해 주었다. 신기하게도 마크는 골똘히 듣더니 이해하겠다는 표정을 지어 보였다.

 갈수록 마크는 식욕을 잃어갔고 몸은 점점 야위어갔다. 이러다가 굶어 죽는 것이 아닐까 겁이 날 정도였다. 마크의 얼굴과 몸은 병으로 서서히, 그리고 끔찍하게 일그러져 갔다. 마크의 형과 누나들이 마크가 고통당하는 모습을 얼마나 더 참고 지켜볼 수 있을지도 걱정이 됐다. 하지만 사랑이 우리를 이끌어 주었다. 아이들 모두 마크와 같이 있고 싶어 했고, 그 아픔을 남김없이 품어 주는 것이었다.

 하루는 마크를 유모차에 앉히는데 아이가 갑자기 여윈 팔을 휘저으며 울음을 터뜨렸다. "안 보여! 눈이 안 보여!" 우리는 눈물을 삼키며 달랬다. "마크야, 하늘나라에 가면 천사들이 너를 안고 예수님 품에 데려다 줄 텐데, 너의 눈은 그 때 다시 볼 수 있을 거야." 하지만 아이는 막무가내였다. "언제? 그게 언젠데?" "조금만 참으면 돼." "싫어!" 그래도 마크는 여전히 이해가 안 되는 모양이었다. "엄마가 꼭 약속할게." 그때서야 아이는 겨우 잠잠해지기 시작했다.

 그리고 이틀 뒤 마크를 잠자리에 누이려는데, 아이가 손을 내밀었다. "엄마, 뽀뽀하고 싶어." 그리고는 입술을 엄마의 뺨에 댔다. 엄마에게 먼저 하고는 아빠인 나에게도 했다. 우리는 둘 다 기쁨으로 가슴이 벅차올랐다. 한동안 이런 식으로 뽀뽀를 해준 적이 없었기 때문이었다. 그리고 마크는 보석 같은 눈망울로 엄마를 쳐다보았다.

우리는 아이와의 마지막 날들 동안 마크가 정말 용감하고 착한 아이였으며 엄마 아빠는 마크를 아들로 갖게 되어서 정말 기쁘다고 말해 주었다. 하지만 마크는 작은 머리를 가로저으며 힘주어 말했다. "아니야, 그렇지 않아." 이 말에 우리 두 사람은 마음이 괴로웠다. 그 때는 그게 무슨 뜻인지 잘 몰랐는데, 돌이켜보니 마크는 때때로 자기가 우리에게 못되게 굴었던 것을 생각하며 미안한 마음에 그런 말을 했던 것 같다.

마크는 죽던 날, 피를 많이 토했다. 담당 의사인 밀톤이 우리 쪽을 보며 나지막이 말했다. "얼마 남지 않은 것 같습니다." 그리고 우리는 마지막 날들 동안 내내 불렀던 노래를 다시 불렀다. "사망의 음침한 골짜기를 나 다닐지라도 …… 예수님은 우리의 목자시니." 후렴구를 부르는데 마크가 분명한 목소리로 말하는 것이었다. "맞아, 정말 그래."

마크는 숨을 거두기 전 몇 시간 동안 믿기 어려울 정도로 생기가 있었다. 마크는 몇 번이고 되뇌었다. "위로, 위로!" 내가 하늘나라로 올라가고 싶으냐고 묻자 아이는 대답했다. "응." 그리고 더 늦기 전에 우리는 작별인사를 해야 했다. "잘 가라, 마크야." 그러자 아이가 대답했다. "아직 아니야." 그것은 마크가 우리 곁을 떠나기 한 시간 전이었다.

잠시 후 엄마가 아이 위로 몸을 구부리는데 마크가 별안간 입을 열었다. "웃어봐! 엄마." "뭐라고, 마크?" "웃으라고!" "애야, 왜 우리가 웃어야 하지?" "그냥!" 짧지만 힘 있는 대답이었다. 우리가 여전히 어리둥절해 있는데 아이가 다시 말했다. "제발, 웃어!" 그리고 우리는 작별인사를 했다. "안녕, 마크." 아이도 대답했다. "안녕."

마크에게 우리는 곧 다시 만나게 될 거라고 말해주자, 아이는 두 팔을 들어 손가락으로 하늘을 가리키면서 쳐다보았다. 이 땅에서는 아무것도 보지 못하는 두 눈이지만 마치 이 세상을 넘어 저 세상을 바라보기라도 하듯이 …… 그러면서 소리쳤다. "한 명이 아니네, 둘이야!" 그리고도 몇 번인가 같은 말을 반복했다. "하나가 아니라 둘이야!" 마크는 자기를 데리러 오는 두 명의 천사를 발견하고는, 늘 우리에게 천사를 한 명으로만 들은 게 생각났던 모양이었다.

잠시 뒤 마크는 우리 쪽으로 고개를 돌리더니 부드러우면서도 또박또박 말했다. "엄마, 엄마" "아빠, 아빠" 마치 우리 부부가 더욱 가까워지길 바라기라도 하듯이 말이다. 그러더니 마크만의 귀여운 고갯짓과 함께 말을 이었다. "마크 존, 마크 존!" 그것은 마치 예수님이 자기를 부르는 음성을 따라 하는 것 같았다. 지금까지 이런 어조로 자기 이름을 부른 적이 없었기 때문이다. 우리가 아이에게 가까이 몸을 숙이자 너무 힘이 없고 가늘어서 컵을 들어 올리지도 못하던 팔을 한두 번 더 들어 올려 하늘을 가리켰다.

마크는 이내 힘겹게 숨을 들이쉬더니 엄마를 불렀다. "엄마, 엄마, 엄마, 엄마!" 아이 엄마는 부드러운 목소리로 아이를 안심시켰다. 마크는 가늘게 숨을 쉬고 있었지만 심장은 거의 멈춘 것 같았다. 그리고 드디어 마지막 귀중한 한 숨을 내쉬었다. 죽음이 아이의 몸을 사로잡았지만, 아이의 영혼은 승리했고 자유를 얻은 것이다. "마크! 마크!" 엄마가 애타게 불러 보았지만 아이는 대답이 없었다. "이제 다 끝났습니다. 아이의 영혼은 자유를 얻어 하나님 곁에 있을 것입니다. 이젠 고통도 없을 거예요." 담당의사가 우리를 위로했다. "정말 그럴까요?" 우리가 묻자, "그럼요."라고 대답하였고 벽의 시계가 새벽 세 시를 지나고 있었다.

 이제와 그 때 일을 돌이켜 보면, 그 날 마크는 천천히 다른 세계로 옮겨가고 있었던 것 같다. 아이는 두려움 없이 행복하게 그 길을 갔다. 마치 우리까지도 영원으로 들어가는 문 바로 앞에 서 있는 느낌이었다. 아이를 그곳까지는 데려갔지만 더는 같이 들어갈 수 없는 그 영원의 문 앞에 …….

7장 예상

Anticipation

평상시에 죽음을 생각하며 사는 사람은 거의 없을 것이다. 하지만 어떤 사건으로 인해 죽음에 대한 생각이 갑자기 몰려오는 때가 있다. 우연히 교통사고가 일어난 현장을 지나게 되거나 테러 사건, 자연 재해 또는 흉악한 범죄사건, 그리고 아는 사람이 암에 걸렸다는 소식 등은 죽음이 언제 우리를 덮칠지도 모른다는 두려움을 몰고 온다.

그 순간 죽음이란 것은 먼 미래 일이거나 나와는 아무런 관련이 없는 문제가 아닌, 언젠가는 나 자신도 직면해야 하는 필연적인 일로 다가온다. 이제는 두려움을 가질 것인지, 아니면 확신을 가질 것인지의 문제가 남을 뿐이다. 그리고 그것은 큰 차이를 만든다.

오랜 고통 속에서 천천히 죽는 것보다는 차라리 순식간에 죽고 싶다고 말하는 사람들을 많이 만나 보았다. 하지만 30여 년간 죽어 가는 사람을 수없이 돌보면서 죽음을 준비할 시간이 주어진 것에 대해 고마워하지 않는 사람은 한 사람도 보지 못했다.

❀ ✣ ❀

75세의 출판인인 위니프레드는 심장 수술을 할 예정이었다. 지병인 심장병으로 인해 기력이 점점 떨어지고 있었기 때문에 의사가 심장 판막 수술을 권했던 것이다. 그녀는 이 수술 후에 더욱 건강하고 활기찬 삶을 살 것을 기대하고 있었다. 그러나 한편으로는 이 수술의 위험도 간과하지 않았고 최악의 상황에 대비했다.

먼저 사무실 책상부터 정리했다. 평상시에는 책상이 서류와 책들로 어지럽게 덮여 있었지만, 수술하기 전 날에는 깨끗하게 정리되어 있었다. 그리고 같은 날 동료인 케이시에게 대화를 청했다. 케이시의 말로는 특별한 얘기가 아닌 오래 전 교사 시절 돌보던 학생들에게 너무 엄하게 대했던 일들이 양심에 걸린다는 등의 사소한 이야기였다고 한다.

다음날 위니프레드는 의식이 회복되지 않은 상태로 수술실에서 나왔다. 그리고 며칠 후 남편과 다섯 명의 딸들에게 작별인사도 없이 숨을 거두고 말았다. 위니프레드는 70여 년 동안 수많은 합병증으로 고생해 왔다. 오히려 이번 수술을 받지 않고 심장병으로 죽었다면 아무도 놀라지 않았을 것이다.

딸들은 슬픔과 자책으로 몹시 고통스러워했다. 다들 수술의 위험성에 대해서는 알고 있었다. 하지만 이런 일이 벌어질 것이라고는 그 누구도 예상하지 못했다. 의사들도 다 잘 될 것이라고 확신하며 딸들에게 수술 후 엄마는 새로운 여자로 태어날 것이라고 여유 있게 말했었다. 뿐만 아니라 아버지도 얼마 전에 똑같은 수술에 성공했던 터였다.

가족들은 위니프레드의 죽음을 전혀 예상하지 못했지만 케이시와 한 대화로 볼 때 위니프레드 자신은 어느 정도 예상했던 것으로 보인다. 이 사실 때문에 딸들은 어머니의 죽음을 애도하는 몇 달간의 힘든 기간 동안 그래도 마음의 위로를 받을 수 있었다고 한다.

서른다섯의 미혼 여성인 릴라는 피부암 진단을 받았다. 수술을 받은 후에는 병세가 호전되는 것 같았다. 하지만 2년 뒤 병세는 다시 악화되기 시작했고, 더 이상 의학적으로 손을 쓸 수 없는 상태가 되어 버렸다. 릴라는 병에 대항해 싸우지 않았고 우연히 생기는 병은 없다며 모든 것을 하나님의 뜻으로 받아들였다.

그녀는 큰 키와 빨간 머리에 함박웃음을 잘 짓곤 했다. 부드러운 말씨에 사귐성이 있었고, 꽃, 음악, 시, 아이들을 좋아했다. 또한 1960년대 흑인민권투쟁이 한창이던 격동기에 청소년기를 보냈기 때문에 사회적 혜택에서 소외된 자들과 사회의 변두리에 있는 자들의 삶에 대해 잘 알고 있었고, 교도소 수감자들과 노인 환자와 장애인을 돕는 일에 언제나 열심이었다. 심지어는 암으로 죽어가면서도 이 일을 중단하지 않았다.

병세가 심각해져서 외출이 힘들게 되었을 때, 릴라는 세상의 고통과 특별히 고통 받는 아이들 때문에 많은 눈물을 흘렸다. 릴라는 이렇게 말했다. "우리의 마음이 지금은 너무 작다고 생각되더라도 세상의 고통 받는 사람을 위해 기도할 수 있는 커다란 마음이 되기를 소망하세요."

릴라가 암으로 죽음을 눈 앞에 두고 있을 때는 나의 아버지가 돌아가시고 얼마 지나지 않아서였다. 나는 늘 의지해 왔던 아버지의 도움 없이 처음으로 죽음을 앞둔 사람을 도와주어야 했다.

예민한 사람들이 그렇듯이 릴라도 상처를 잘 받는 복잡한 성격이었다. 자신의 약점이 드러날 때마다 민감하게 괴로워했다. 그러나 내게 아버지의 죽음을 통해 경험한 일들을 듣고, 또 자신의 죽음도 그리 멀지 않다는 것을 깨달으면서 일순간에 평화와 기쁨을 찾게 되었다.

릴라는 나에게 세례를 받고 싶다고 말했고, 나는 1주일 후에 그녀에게 세례를 주었다. 릴라에게 일어난 변화와 치유는 그야말로 놀라움 그 자체였다. 그녀는 말했다. "저는 지금 제 삶에 내린 하나님의 은혜를 맛보고 있어요. 하나님은 풍성함이 넘치는 분이죠! 그건 세월로 가늠할 수 없어요. 하나님의 시간은 우리의 방식으로 측량되지 않으니까요."

릴라는 암이 온몸으로 퍼져갈수록 하루하루를 주변 사람들과 작별을 준비하는 데 사용해야 한다는 긴박감을 느꼈다. 그녀는 아직 힘이 있는 동안 하고 싶은 것들이 많았다. 그 중 한 가지는 자신이 직접 지은 시를 포함하여 그 동안 모아 둔 시들을 정리해서 누구에게 줄 것인지를 결정하는 일이었다. 그 일을 도와주었던 남동생 저스틴은 누나가 이 일을 너무 태평스럽게 편한 마음으로 해서 자기가 오히려 당황했다고 한다.

위니프레드의 경우처럼 자발적으로 죽음을 기다리는 릴라의 태도는 나중에 슬퍼하는 가족들에게 큰 위로가 되었다. 그녀의 삶에서 퍼져 나온 용기는 그녀가 죽은 후에 가족들을 붙잡아 주는 힘이 되었다.

※ ❈ ※

린은 1979년에 백혈병 진단을 받았는데 그것은 여섯째 아이를 낳은 직후였다. 처음에는 화학치료와 방사선으로 암세포 성장이 멈추었다. 하지만 얼마 지나지 않아 암이 다시 번지기 시작했다. 린은 자신에게 남은 시간이 매우 짧다는 것을 알았지만 두려워하지 않았다. 그녀는 다음 세상으로 들어

갈 준비를 했다.

   암세포가 더 번지자 린의 주치의는 다른 지역에 있는 병원에서 실험 치료를 받아보라 권했다. 그렇게 되면 린은 가족들과 교회에서 멀리 떨어져 있어야 했다. 린은 그 치료가 헛된 희망만 불어넣을 거란 생각을 하게 되었고, 결국 치료를 받지 않기로 결정했다. 남편 제임스와 린은 하나님이 자기 가족을 붙들고 계신다는 것을 믿었고, 오직 그분에게만 미래를 맡기기로 했다. 아래는 린이 쓴 글이다.

   우리는 마음과 마음이, 영혼과 영혼이 마치 반지처럼 하나로 결합되기를 사모합니다. 그렇게 될 때 시작도 없고 끝도 없으며, 우리 중 큰 자도 없고 작은 자도 없으니까요. 하지만 그렇게 되려면 예수님과 그의 십자가 안에 철저하게 뿌리를 내리고 확고하게 중심을 두어야 합니다. 시간이 갈수록 제가 날마다 그 십자가를 져야 한다는 사실이 강하게 다가옵니다.

   하지만 이 말이 그저 앉아 죽음을 맞이하는 것만을 의미하지는 않았다. 린은 시간이 얼마 남지 않았기에 마지막 남은 힘을 아이들의 장래를 준비하는 데 쏟았다. 아이들이 쓸 침대와 이불을 크게 늘렸다. 그리고 아이들 각각에게 사진첩과 언젠가 아이들이 가족을 이루는 데 필요한 아기 용품들을 만들어 주었다. 자신이 죽은 후에 아이들을 돌봐줄 사람을 생각해서 옷가지와 물건들도 정돈해두었다.

그녀는 자식들 외에도 친구들과 이웃들에게 사랑을 쏟으며 죽음을 맞이할 준비를 했다. 린은 마치 신랑 맞을 준비를 하는 다섯 명의 현명한 처녀들 중 한 명 같았다.

린은 기력이 쇠약해지자 거실에서 보내는 시간이 점점 줄어들었다. 그러나 거실에 나올 수 있을 때마다 아이들의 이야기를 들어 주거나 책을 읽어주는 일에 온 힘을 다했다. 구역질이 나서 침대를 떠날 수 없을 때에도 린은 어머니로서의 역할을 소홀히 하지 않았다. 아이들과 가능한 한 많은 시간을 함께했고 찾아온 손님들도 반갑게 맞아주었다. 린은 집에서 식구들에게 둘러싸여 편안하게 숨을 거두었다.

왜 린같이 젊은 엄마가 그런 병에 걸려서 가족을 떠나야 하는지는 여전히 알 수 없는 일로 남아있다. 그것은 간단하게 대답할 수 없는 문제이다. 다만 그 짐을 졌을 때 저항할 것인지, 아니면 신앙으로 그 짐을 받아들일지에 대한 선택만 있을 뿐이다. 린과 남편은 신앙을 가졌고 신앙을 통해 하나님을 의심하지 않고 신뢰했기에 영원한 세계를 직면할 수 있는 놀라운 용기를 발견했다.

린은 초대 그리스도인들이 보여주었던 동일한 확신과 기쁨으로 죽음 앞에서도 움츠러들지 않고, 하나님이 자신을 데려갈 때까지 하나님을 위한 삶에 자신을 온전히 바쳤다.

❈

　죽음을 준비할 시간이 누구나에게 주어지는 것은 아니다. 내가 아는 사람 가운데는 자신이 죽으리라는 것을 미리 알고 있었던 것은 아니지만, 지상에서의 삶이 얼마 남지 않았다는 것을 감지한 사람이 몇 명 있었다. 내가 어린 시절을 보낸 파라과이 공동체에서 살았던 아홉 살 소녀 레이첼이 그랬다.

　장작불(1958년 파라과이 브루더호프 공동체의 유일한 요리 수단이었다)을 지펴 솥에 태피(설탕, 버터, 땅콩을 섞어 만든 사탕)를 만들던 레이첼의 엄마 마리가 잠깐 자리를 비운 사이에, 아홉 살 난 레이첼이 사탕을 저으려고 솥으로 몸을 구부리다가 앞치마에 불이 옮겨 붙고 말았다. 레이첼이 비명을 지르며 뛰어가는 사이에 불길은 옷 전체로 번졌다. 아버지 잭이 딸의 비명 소리를 듣고 달려와서 레이첼을 땅에 구르게 하여 재빨리 불을 껐지만 이미 화상을 크게 입은 뒤였다. 몸의 사분의 일 가량이 심하게 화상을 입었다.

　레이첼은 곧바로 병원으로 옮겨져 최선을 다한 치료를 받았지만, 그 다음 날 상태가 악화되었다. 의사들은 무선 전신으로 가장 가까운 도시인 아순시온의 전문의에게 도움을 받았지만 레이첼의 상태는 점점 더 나빠졌고, 진통제를 주사했는데도 극한 통증으로 괴로워했다.

　그러나 레이첼은 용감하게 견디어냈다. 순진함과 천진난만함 속에서 레이첼은 이런 상황에 대해 아무런 질문도 하지 않았고, 불안한 감정도 드러내지 않았다. 하지만 상처에서 체액이 계속 흘러나와 기력이 약해졌고, 나흘째 저녁에는 의식이 점점 약해져 말을 해도 반응이 전혀 없었다.

가족들은 침대 곁에 앉아 레이첼이 좋아하는 노래들을 불러주었다. 노래를 부르던 중에 엄마가 레이첼에게 말을 걸었을 때 놀랍게도 레이첼이 몸을 일으키더니 숨이 차서 다시 누울 때까지 식구들과 함께 노래를 몇 소절 따라 부르는 것이었다. 그리고 몇 분 후 레이첼은 숨을 거두었다.

레이첼을 떠나 보낸 후 식구들은 사고가 일어나기 얼마 전에 레이첼이 자기 물건들을 깨끗하게 정리하였고, 어떤 것은 다른 아이에게 주던 일을 기억해냈다. 죽기 바로 1주일 전에는 죽음에 대해 엄마에게 이야기하기도 했다.

그 이야기를 할 때 레이첼과 엄마는 별을 보며 집 밖에 앉아 있었다. 죽음에 대한 이야기를 꺼낸 것은 먼 이웃의 한 아이가 죽었다는 소식을 들어서이기도 했지만, 그보다는 하나님에 대해 더 많이 알고 싶은 갈망에서였던 것 같다. 레이첼은 직관적으로 자기가 떠날 것을 준비했던 것이다.

8장
준비 Readiness

  자베리에는 늘 생기가 넘치고 발랄했으며 아내와 어머니로서 헌신적이었다. 그녀의 병은 한창 나이인 서른세 살에 갑자기 찾아왔는데, 둘째 가렛을 낳고 두 주도 채 되지 않았을 때였다. 처음에는 눈에 통증이 오더니 위경련으로 이어졌고 이어서 피부가 부풀어 올랐다. 그래서 초기에는 타이레놀을 먹기 시작했는데 한 주도 안 돼서 진통제를 맞았고, 그 후 며칠이 못 되어 자베리에는 숨을 거두고 말았다.

  자베리에는 암이라는 말을 듣자 두려움보다는 경외감을 느꼈다고 한다. 남편 존에게 자베리에는 이렇게 말했다. "하나님은 우리가 감당할 수 있는 것 이상을 요구하시지 않잖아요. 하나님은 제가 이것을 감당할 수 있다고 생각하시니까 주셨겠죠." 그리고 친정어머니에게 "엄마, 제가 세상에서 가장 두려워하던 것은 암에 걸리는 거였어요. 그런데 제가 암에 걸렸다는 이야기를 들었을 때 이상하게 하나도 두렵지 않았어요."라고 말했다.

자베리에가 죽은 후 친정 어머니 시빌은 이렇게 말했다.

암 진단을 받았을 때 딸이 말했어요. "엄마, 난 슬픈 얼굴도 눈물도 원치 않아요. 그리고 이 일이 무슨 거룩한 경험인 것처럼 보이는 것도 바라지 않아요. 전 이 일을 기쁘고 천진난만하게 받아들이고 싶어요." 나는 속으로 울음을 삼켰습니다. 사위 존도 마찬가지였을 겁니다.

자베리에는 자신의 병을 하나님을 향한 더 큰 사랑을 위해 자기 삶과 가족에 대한 사랑을 포기하라는 부르심으로 받아들였다. 지난 세월 동안 매일 그리스도를 위해 자신을 포기해 온 삶이 아니었다면 그런 더 큰 희생을 감당할 수 없었을 것이다. 그녀는 어머니로서 아이들을 무척이나 사랑했지만 이제는 더 중요한 일, 곧 죽음을 준비하는 일이 있다는 것을 알았기에 아이들에게 집착하지 않으려 했다.

놀라운 것은 병이 빠르게 악화되어 죽어가는 몇 주 동안에 단 한 번도 미래나 죽음 이후의 삶에 불안을 느끼지 않았다는 것이다. 자베리에는 평안한 마음으로 남편과 아이들을 교회에 맡겼다. 그리고 한 번도 불평을 하거나 눈물을 보이지 않았다.

자베리에는 아내와 내가 문안을 갔을 때 야고보서 5장의 말씀처럼 교회의 안수를 받게 해달라고 부탁했다.

"너희 중에 병든 자가 있느냐 저는 교회의 장로들을 청할 것이요 그들은 주의 이름으로 기름을 바르며 위하여 기도할지니라"(야고보서 5:14).

며칠 후 우리는 자베리에를 위해 예배를 드렸다. 자베리에는 정맥 주사기를 꽂고 산소흡입기를 한 채 병원 침대에 누워 예배실로 들어왔다. 문을 들어서면서 몸을 힘겹게 일으키더니 활짝 웃으며 손을 흔들었다.

그 순간을 담은 사진을 보면 남편 존은 어두운 얼굴을 하고 있는데 반해 자베리에의 얼굴은 아무렇지도 않은 듯 환하게 웃고 있다. 그 얼굴에는 기대감과 기쁨이 가득했다. 하나님의 뜻이라면 낫게 하시리라는 소망도 있었지만, 죽음을 맞을 준비도 되어 있었다.

내가 머리에 손을 얹자 그녀는 깊은 신뢰의 눈길로 나를 쳐다보며, "하나님께는 모든 게 가능해요!"라고 차분한 목소리로 말했다. 모인 형제자매들 마음속에는 희망과 함께 찢어지는 아픔 또한 밀려왔다. 모두가 우리 가운데 영원永遠이 함께하는 것을 느꼈다.

다음날 아침 아내와 나는 다시 자베리에를 찾아갔다. "자베리에, 우리는 당신을 향한 하나님의 뜻을 믿습니다. 영원한 세계로 갈 준비가 됐나요?"라고 내가 물었다. 자베리에는 양심에 아무런 거리낌이 없고 마음이 평안하다면서 우리를 안심시켰다. "하나님의 뜻이 무엇이든지 그 뜻을 받아들일 거예요. 준비는 되어 있어요." 그 날 저녁 자베리에는 하나님 곁으로 갔다.

그 당시에는 몰랐지만 자베리에의 죽음은, 죽음을 기다리던 또 다른 사람에게 큰 용기를 주었다. 그는 밥이라는 청년으로 샌프란시스코에 사는 에이즈환자였는데 작별인사를 하러 우리 공동체에 방문 중이었다.

밥은 오하이오주의 보수적인 교회에서 자라났지만 청년이 되어 지금까지 받은 교육에 반항하면서 처음에는 파리에 갔다가 캘리포니아로 옮겨가서는 동성연애자로 살았다. 밥은 자신의 삶이 얼마 남지 않았다는 사실을 알고는 유년시절의 교회를 찾아갔다. 하지만 안타깝게도 그 교회는 밥을 '용서할 수 없는' 죄인으로 규정짓고 받아들이지 않았.

밥은 죽음을 대하는 자베리에의 용기와 브루더호프 공동체에서 느낀 사랑을 통해 자신의 죽음과 마주할 수 있는 용기를 얻게 되었다고 고백했다.

병으로 죽음을 기다리는 사람에게는 삶을 정리하고 하나님과 화해할 수 있는 시간은 크나큰 은혜다. 용서하고, 용서를 구하고, 멀어졌던 관계를 회복하고, 해묵은 상처를 치유할 수 있는 시간이 남아 있다는 것은 대단한 축복이 아닐 수 없다. 하지만 이런 시간이 누구에게나 주어지는 것은 아니다.

❀ ❀ ❀

숙련된 목수였던 릭은 평생 동안 천식을 앓았는데, 심할 때는 생명이 위험한 적도 있었다. 그럼에도 릭은 우스갯소리를 잘하고 아이들을 좋아했다.

그러던 어느 날 릭은 갑작스런 뇌출혈로 죽고 말았다. 그에게는 부인 리즈와 여덟 명의 아이가 있었다. 막내가 한 살이었고 첫째가 열네 살이었다. 경고도 전혀 없었고 죽던 날 아침도 다른 날과 다르지 않았다.

아침에 일찍 일어나 큰딸이 고등학교에 가는 것을 본 후에 나머지 식구들과 함께 아침을 먹었다. 여덟 시에 목공소에 일을 하러 갔다가는 잠시 후에 아내에게 그 날 아침 아이들을 깨우는 것을 도와주지 못했던 일을 사과하기 위해 잠깐 집에 들르고 다시 일터로 돌아갔다.

릭은 목공소를 방문한 손님과 몇 마디를 나누고는 너무 머리가 아프다고 말했고, 한 형제가 들것을 가지러 뛰어간 사이 다른 형제가 릭이 눕는 것을 도와주었다. 몇 분 후 릭은 의식을 잃어버렸다. 급히 병원으로 옮겨졌지만 이미 손을 쓸 수 없는 상태였다. 그리고 그 날 저녁 릭은 세상을 떠났다. 한창 나이에 느닷없이 맞은 죽음이었다. 공동체 식구 모두가 넋이 나갔다.

바울은 에베소 교인들에게 전하는 서신(에베소서 4:26)에서 날마다 해가 지기 전에 화해하라고 권고한다. 릭은 그렇게 살았고, 그 날 그를 비추던 해가 영원히 져 버렸다. 그가 죽기 전에 서로 화해하고 용서한 일은 아내에게 평생 위로가 되었다.

❈

프레드는 열정적이고 성실한 일꾼으로 영국 케임브리지 대학에서 학위를 받은 기술자였고, 뉴 메도우 런 브루더호프 공동체New Meadow Run에서 새로 식당 짓는 일을 감독했다.

아침 열시에 프레드는 가슴에 통증이 와서 의사를 찾아갔다. 심전도에 심장 마비 증세가 발견되었고 구급차를 불렀다. 프레드의 아내 마가렛이 황급히 병원으로 와서 의사와 몇 마디 나누고 프레드가 입원할 때 필요한 옷가지를 가지러 집으로 갔다.

잠시 후 프레드는 현기증이 난다더니 바로 의식을 잃었다. 프레드를 살리기 위한 의료진의 필사적인 노력에도 불구하고 그는 깨어나지 못했다. 병원으로 돌아온 마가렛은 남편이 죽었다는 믿을 수 없는 소식을 들었다. 불과 한 시간 사이에 남편이 세상을 떠나버린 것이다.

프레드는 신념이 강하고 성실과 겸손을 갖춘 사람이었다. 말이 적었고 꼭 할 말이 있을 때만 말을 했다. 그러나 그가 말을 할 때면 모두가 귀를 기울였다. 토목 기술이 매우 뛰어나서 파라과이 정부는 프레드에게 아순시온에 지을 병원 설계와 신축 감독을 맡기기도 했다. 노동으로 무더지고 마디가 굵어진 손가락으로 부드럽게 바흐나 쇼팽의 곡을 연주하는 피아노 연주자이기도 했다.

그런 프레드가 갑자기 우리 곁을 떠나 버린 것이었다. 릭보다 더 갑작스러운 죽음이었다. 프레드가 죽은 날 공동체 전체는 모든 일을 멈추었다. 목공소는 문을 닫았고 진행 중인 신축 공사도 멈추었다. 그리고 조금 전까지만 해도 프레드가 일하던 자리에는 누군가 가져다 놓은 꽃 한 묶음만이 놓여 있었다. 하나님의 갑작스러운 개입에 경외감으로 말 없이 서 있는 것 외에 우리가 달리 할 수 있는 것은 아무것도 없었다.

릭과 프레드의 경우처럼 예고 없는 죽음은 누구에게나 충격으로 다가온다. 그럴 경우 두려움을 느끼는 것도 이해할 만하다. 독일의 목사였던 요한 크리스토프 블룸하르트는 이렇게 말한 적이 있다.

"우리는 대부분 세상 일에 너무 정신이 팔려 있어서 조금이라도 생각지 못한 일을 만나면 두려움에 휩싸인다. 너무 방심한 채 살아가고 있기 때문이다. 이렇게 정신 없이 살아가는 것은 매우 위험한 일이다. 무방비 상태로 산만하게 현실에서 유리된 채 살아가기 때문이다."

그렇다면 언제라도 죽음을 맞이할 준비를 한다는 것은 어떤 의미일까? 우리는 지금 창조주 앞에서 우리 삶을 보고할 준비가 되어 있는가? 우리 생명은 너무 여리고 언제 꺼져 버릴지 모른다. 마가복음에서 예수님은 늘 깨어 있으라고 말씀하신다. 아무도 언제 죽을지 모르기 때문이다. 그리고 열 처녀 비유에서 예수님은 신랑이 돌아왔을 때 등불을 준비하고 깨어 있지 않으면 어떤 일이 벌어질지 경고하신다. 이 말에 여러분은 두려워지고 침울해지는가?

마틴 루터 킹을 보라. 그는 두려워하지 않았다. 깊은 신앙으로 땅에 발을 굳게 디뎌 서 있었고, 눈과 마음은 하늘을 향하고 있었다. 그랬기에 어떤 고난에도 흔들리지 않았던 것이다.

❀ ❀ ❀

아론과 케이티 부부, 그리고 일곱 명의 아이들은 마침내 오하이오를 떠나 전쟁으로 폐허가 된 온두라스를 향해 떠날 수 있었다. 그들은 하루라도 빨리 그곳에 가고 싶은 의욕에 넘쳐 있었다.

이미 1994년 메노나이트 교회의 지원을 받아 재난구호활동이 계획되고 나서 모든 구호장비와 물자까지 만반의 준비가 되어 있었지만, 중앙 아메리카의 테러 사건으로 계획에 차질이 생겨 지금까지 지연되었던 것이다. 이제 마침내 온두라스를 향해 떠나게 된 것이다.

 구호차량에 몸을 싣고 별 사고 없이 여러 주를 지나 멕시코로 갔다. 하지만 출발 후 몇 주가 지난 어느 날 아침 그들이 탄 버스가 테구시갈파 근처 산 비탈길을 내려오던 중 사고를 당했다. 딸 쉘리는 그 때 일을 이렇게 떠올렸다.

저는 잠깐 졸고 있었는데 갑자기 아빠가 급하게 브레이크를 막 밟으셨어요. 엄마가 놀라서 브레이크의 고장이냐고 물으셨죠. 저도 정신이 번쩍 들어 일어났습니다. 아빠는 처음에는 대답을 하지 않으시더니 조금 있다가 심각한 얼굴로 그렇다고 대답하셨습니다. 오빠들은 뒤차를 몰고 있었습니다. 아빠는 오빠들에게 무전으로 상황을 설명하고 기도하라고 부탁하셨습니다. "기도해라. 열심히 기도해!"

 우리 차는 속도가 갈수록 빨라지면서 커브 길을 향해 돌진하고 있었습니다. 길 한편은 암벽이었고 반대편은 낭떠러지였습니다. 우리는 암벽 쪽으로 핸들을 틀어 부딪치자고 아빠에게 소리쳤습니다. 위험하긴 하지만 차라리 그게 낫겠다고 생각했습니다. 하지만 아빠는 결단을 내리지 못했습니다.

 우리 차는 점점 더 속도가 빨라지면서 앞 쪽 길가에 세워져 있는 트럭에 돌을 싣는 사람들을 향해 돌진하고 있었습니다. 아빠는 우리 차가 그들을 친다는 생각에 갑자기 겁을 집어먹고 그들을 피해보려고 하시다가 핸들을 놓쳐버리고 말았습니다. "우리는 영원으로 간다!" 아빠가 그 순간 외친 말이었습니다. 동시에 버스가 허공으로 떴습니다. 그리고 이내 땅에 처박히면서 흙과 유리 파편이 온몸으로 날아왔습니다. 그리고 저는 아무것도 볼 수 없었습니다.

비탈진 길을 몇 분 더 내려오던 쉘리의 오빠들은 쉘리와 동생들을 발견했다. 중상이었지만 다행히 목숨은 붙어 있었다. 종잇장같이 구겨진 잔해에서 탈출할 수 있었다는 것이 기적이었다. 멀리서 달려오는 오빠들을 향해 쉘리는 몸을 질질 끌며 기어갔다. 그리고 잠시 후 그들은 죽어 가는 엄마를 안고 절규했다.

엄마는 고통 가운데 절망적으로 숨을 가쁘게 쉬셨습니다. 나는 엄마에게 말했습니다. "엄마, 사랑해요." 엄마는 힘겹게 힘을 모아서는 잠깐 저를 쳐다보셨습니다. 하지만 이내 눈동자에 힘이 빠지셨습니다. 바로 그 때 저는 몇 발자국 떨어진 곳에 아빠가 죽은 채 누워 계신 것을 발견했습니다. 제 가슴이 무너져 내리는 것 같았습니다. 아빠는 늘 강하고 우리에게 힘을 주시던 분이었어요. 언제나 우리 곁에 계셨는데·······.

죽어가는 엄마를 보며 쉘리는 엄마가 가도록 놔주지 못하는 자신과 싸워야 했다.

저는 가슴이 무너져 내리는 것 같았습니다. 마음 한 구석에선 이렇게 소리치고 싶었죠. "엄마, 죽지 마. 살아야 돼!" 하지만 한쪽에서는 엄마가 고통에서 빨리 풀려나기를 바라는 마음도 있었습니다. 그래서 저는 엄마에게 가도 된다고, 언젠가 다시 만나자고 말했습니다. 그리고 옆에 누워 죽을 것같이 보이는 여동생 메리를 위로했습니다. 그 후에 어머니를 돌아보니 이미 돌아가시고 난 뒤였습니다. 저는 엄마 옆에 무릎을 꿇고 오랫동안 슬픔에 멍하니 있었습니다.

아론과 케이티 외에 버스에 타고 있던 다른 사람들은 생명을 구했다. 하지만 아직 악몽은 끝나지 않았다. 테구시갈파에 있는 병원으로 후송되어 쉘리와 동생들은 수많은 검사와 수술을 해야 했다. 진통제가 육체의 고통을 완화시켜 주긴 했지만 무엇으로도 밤마다 그들을 놀래 깨우는 사고 당시의 끔찍한 영상들을 지울 수는 없었다. 마치 뇌 속에 인두로 도장 찍듯이 박혀있는 듯했다. 하지만 미국으로 후송되기 전, 관 속에 누워 계신 부모님의 모습을 보면서 쉘리는 예상치 못한 평안을 발견했다. 그 때 쉘리는 두 사람이 떠날 준비가 되어 있었다는 것을 분명하게 알 수 있었다.

관 속에 누워계신 아빠의 얼굴을 보자 깊은 평안이 제 영혼에 흘러들어 왔습니다. 아빠 얼굴에서 천국을 봤습니다. 그처럼 평안한 얼굴은 처음 봤죠. 그리고 엄마 얼굴을 보았습니다. 엄마도 마찬가지였습니다. 두 분 다 너무 행복한 얼굴이셨어요. 두 분 모두 천국에 계신다는 확신이 들었습니다.

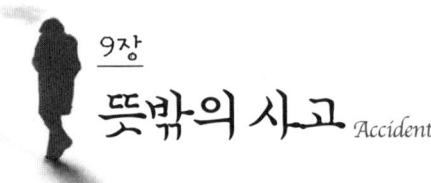

9장
뜻밖의 사고 Accidents

    10년이 지났건만 사람들은 아직도 힐러리의 아들을 보면 이렇게 묻곤 한다. "네가 질식해서 죽을 뻔했던 그 애 맞지?"

    예배를 드리던 중에 안내를 하던 분이 급하게 우리를 불러냈다. 탁아소에 있는 우리 아들 야리우스가 질식해 위급하다는 소식이었다. 우리는 예배를 드리던 두 명의 의사와 간호사를 불러 부리나케 달려갔다. 도착하자마자 의사는 아이의 기도氣道를 열려고 애썼다. 잠깐이나마 기도가 열릴 때마다 아이는 가늘게 소리를 냈다. 그리고 의사들이 교대로 아기의 등을 쾅쾅 두드리며 목구멍의 이물질을 빼려 할 때에는 아기가 몸을 비틀면서 난리를 쳤다.
    야리우스는 태어난 지 아홉 달 된 건강하고 잘 웃는 아기로 이제 막 주변 세계를 모험하기 시작했다. 아기가 즐겨 사용하는 이동 수단은 옆으로 구르기였는데 못 가는 곳이 없었다.

아기는 옆으로 굴러가서 인형을 잡고는 드러누워 꼼꼼히 살펴보길 좋아했다. 또 자기 손가락을 움직이며 신기한 듯이 쳐다보기도 했다.

그 날 아침 아기는 탁아소 방바닥에서 놀고 있었다. 잠시 후 탁아소 선생님이 아기가 숨을 못 쉬고 얼굴이 파랗게 질려 있는 것을 발견하고는 즉시 사람을 불렀던 것이다.

의사와 간호사가 온갖 노력을 다 하고 있었지만 아무 소용이 없어 보였다. 아기는 거의 숨을 쉬지 못하고 있었다. 간혹 숨을 들이쉴 때도 있었지만 충분한 양의 산소를 들이키진 못했다. 병원 구급차가 도착했고 남편 트라비스와 나도 아기와 함께 올라탔다.

병원으로 가는 중에도 의사들은 계속해서 아이 등을 두드리면서 모니터의 여러 신호들을 유심히 살폈다. 그 때까지도 우리는 원인을 알지 못했다. 음식일까? 알레르기 때문인가? 응급실에 도착하기 전에 아기의 기도가 완전히 막혀버리는 것은 아닐까?

나는 앞자리에 앉아 있었기 때문에 아기를 볼 수 없었다. 뒤에서 이따금씩 약하게 숨이 넘어가는 소리가 들려왔고, 그 사이사이에 아무 소리도 들리지 않는 동안은 내 가슴이 초조와 긴장으로 죄어드는 듯 했다. 내가 할 수 있는 것은 아무것도 없었다. 그저 마음속으로 하나님께 부르짖으며 도와달라고 기도할 뿐이었다.

구급차가 병원에 도착하자마자 의사들이 달려 왔다. 남편과 나에게 이것저것 물은 뒤 여러 조치를 취했다. 그리고 X선 촬영을 준비하려는데 누군가 소리쳤다. "나왔어!" 우리는 아이에게 달려갔다. 우리 아들 야리우스가 큰 소리로 울기 시작했다. 그리고 간호사는 손바닥에 이동식 책꽂이에 쓰이는 금속 고리를 보여 주었다. 아기는 놀이방 바닥에서 그것을 발견하고는 뭔지 알아보기 위해 입에 넣었던 것이다.

우리는 교회에 전화를 걸어 이 소식을 알려 주었다. 교회에서는 예배 중에 우리 아들을 위해 함께 기도했다고 하면서 무척 기뻐하였다. 그 사건 이후로 나는 기도에 큰 능력이 있다는 것을 알게 되었다. 나는 지금도 기도의 능력이 아이를 살렸다고 강하게 확신한다.

※ ❧ ※

모두가 이처럼 좋은 결과를 맛보지는 못한다. 에블린은 열세 살로 말수는 적었지만 장난을 좋아하고 자연과 야생동물을 좋아해서 늘 밖에서 시간을 보내곤 했다. 에블린은 상냥하고 차분했으며 신경질을 부리는 법이 없었고 이웃의 어린 동생들이 잘 따랐다. 또 친척들도 에블린에게 아이 맡기기를 매우 좋아했다.

1982년 여름은 유별나게 더웠고, 에블린은 딸기 따는 일을 도와주며 삼촌의 농장에서 아이들을 돌봐주고 있었다. 농장을 따라 흐르는 강이 더위를 피할 수 있는 유일한 곳이었다. 에블린의 어머니는 강에서 수영을 하지 말라고 주의를 주었다. 그 강은 모래 바닥이 움푹 파인 곳이 많아 위험했기 때문이다. 에블린은 아무리 덥더라도 강에 들어가지 않겠다고 어머니와 약속했다.

약속을 어기는 법이 없는 에블린은 사촌들과 친구들이 얕은 물에 들어가 물장구를 치며 장난을 걸어왔지만 잘 참아냈다. 그러던 어느 날 에블린은 더 이상 참지 못하고 물에 뛰어들어 술래잡기 놀이를 하며 시간 가는 줄 모르게 놀고 있었다. 그 때 한 아이가 강 중간에 있는 모래 언덕으로 건너가자고 제안했다. 에블린은 아이들 중에 키가 제일 컸기에 작은 아이들을 도와주었고 모두 무사히 그곳까지 건너갔다.

에블린은 점심을 먹으러 집에 갈 시간이 되자 다시 두 명의 어린아이들 손을 잡고 강 밖으로 나가기 시작했다. 그 때 갑자기 세 아이가 물 속으로 쑥 빠져 들어갔다. 강한 물살이 그들을 모래 구멍으로 쓸어내린 것이었다. 아직도 강 중간 모래 언덕에 있던 나머지 아이들은 세 아이가 물속으로 빨려 들어가는 것을 보고 겁에 질려 소리를 질렀다.

한 청년이 그들의 울음소리를 듣고 달려와서 아이들을 구하려고 강으로 뛰어들었다. 청년이 아이들에게 다가가자 세 명의 아이들이 한꺼번에 달려드는 바람에 그는 몸을 가눌 수가 없게 되었다. 누군가가 잡은 손을 놓지 않으면 모두 물에 잠기게 될 판이었다. 청년은 "도저히 안 되겠어. 누가 손을 놔야 돼!"라고 소리를 쳤다. 그의 외침에 에블린은 꽉 잡고 있던 손을 놓았다. 그러자 청년은 두 아이를 안전하게 밖으로 데리고 나올 수 있었다.

청년은 에블린을 구하러 다시 강으로 뛰어 들었다. 하지만 에블린의 모습을 찾아볼 수 없었다. 그 사이 친척들과 이웃들이 구조장비를 가지고 달려왔다. 에블린의 부모도 혼비백산해서 달려와서는 넋을 잃고 강물만을 바라보았다.

나중에 한 농부가 수백 미터 떨어진 하류에서 나뭇가지에 걸린 에블린의 시체를 발견했다. 놀랍게도 얼굴에는 전혀 공포의 기색이 없었다. 마지막 순간까지 숨을 쉬기 위한 필사적인 투쟁을 벌였을 텐데도 얼굴에는 평안이 서려 있었고, 두려움이나 불안의 흔적은 조금도 보이지 않았다.

❀ ✤ ❀

사고는 늘 일어나기 마련이다. 나중에 생각해 보면 미리 막을 수 있는 사고도 있고, 그렇지 못한 사고도 있다. 충분히 막을 수 있는 죽음이었을 때는 잘못한 사람을 용서하는 일이 불가능해 보이기도 한다. 자기 자신에게 책임을 돌리며 자책감에 빠지는 경우도 마찬가지다.

하지만 도저히 출구가 보이지 않을 때조차도 우리는 늘 우리 마음 깊은 곳의 평화를 향한 갈망을 붙잡고, 원한이나 자책감에 빠지지 않도록 기도해야 한다. 다시 말해 우리가 당한 비극의 아픔을 그 어떤 것으로도 지울 수 없다 하더라도 그것으로 인해 절망의 구렁텅이로 빠져서는 안 된다는 것이다.

오히려 그 일을 통해 우리가 하나님의 품안으로 더 가까이 나아갈 수 있다는 것을 믿어야 한다. 이런 일은 가능하다. 우리가 그런 가능성을 믿고 마음을 열기만 하면 된다. 카렌의 이야기가 그것을 보여준다. 아이티 공화국에서 선교사로 있던 카렌과 그의 3개월 된 딸 한나의 이야기다.

어느 날 오후 퇴근한 남편이 오길 기다리면서 딸 아이 목욕물을 난로에 데우고 있었습니다. 목욕통을 침대 아래로 갖다 놓고 수건을 준비하는 동안에도 아기는 곤히 자고 있었어요. 아기를 깨울까 하다가 좀 더 자게 놔두기로 하고는 목욕통에 물을 부어 놓았습니다. 그런 다음 아기가 침대에서 굴러 떨어지지 않게 접은 수건을 아기 옆구리에 받쳐 놓고 부엌으로 갔습니다.

그 선택이 제 인생을 돌이킬 수 없는 비극으로 몰고 갈 줄은 정말 몰랐습니다. 제가 부엌에 있는 동안 아기가 잠에서 깨어났던 모양입니다. 그리곤 몸을 이리저리 움직이며 침대 모서리까지 왔고, 그러다가 침대 바로 밑에 있던 목욕통으로 굴러 떨어진 것이었습니다. 제가 몇 분 후 발견해서 꺼냈을 때 아기는 이미 숨을 쉬고 있지 않았습니다. 그 순간 제 가슴은 갈기갈기 찢어지는 것 같았습니다. 저는 처절하게 하나님께 울부짖었습니다……

나는 이와 비슷한 사고로 자녀를 잃은 부모들이 자책감을 감당하지 못해 고통 속에서 평생 괴로워하며 사는 것을 많이 보아 왔기에 카렌에게 지난 일을 인정하고 받아들일 수 있는지 물어보았다. 카렌도 자책감으로 힘든 시간을 보냈다고 했다. 하지만 놀랍게도 그 속에서 자유와 평화를 발견할 수 있었다고 말했다.

한나가 죽은 게 벌써 9년 전이네요. 가끔 저도 모르게 이런저런 생각을 해본답니다. '지금 살아있다면 몇 살일까? 살아있다면 어떤 아이가 되었을까?' 또 이따금 깊은 슬픔에 잠길 때도 있답니다. 하지만 이런 생각이 찾아오더라도 제 안에 오래 머물지는 않아요. 우주를 창조하신 분이 나의 목자시고, 혹 그분의 큰 계획을 이해할 수 없더라도 저는 양처럼 그분을 따라야 한다는 믿음을 갖고 나서야 깊은 평안을 발견하게 되었답니다.

지금 제가 하나님 안에서 느끼는 평안을 어떻게 설명할 수 있을까요. 신비라고밖에는 설명할 수 없을 것 같습니다. 굳이 설명한다면 에이미 카미쉘이 제 아이가 죽고 나서 제게 해준 말에서 그 신비의 한 면을 엿볼 수 있을지도 모르겠습니다.

"우리는 이 좁은 시간의 행로를 한치 앞도 내다볼 수 없는 존재입니다. 하지만 하나님께는 영원永遠이 푸른 초장처럼 펼쳐 있죠. 갈 길을 아름답게 다 마치고 하늘나라에 살고 있는 사람들은 당신과 내가 하나님의 사랑에 대해 질문을 던지는 모습을 보면 이상하게 여길 거예요."

누구나 카렌처럼 상처가 치유되길 바라겠지만 그것은 실제로 참 드문 선물이다. 또 이런 선물이 주어지더라도 늘 시간이 걸리게 마련이다. 사고가 일어났을 때 가장 우리 마음을 죄어오는 문제는 '어떻게 이 아픔을 극복할 것인가'가 아니라 '왜, 그리고 어떻게 이런 일이 일어났는가'일 것이다. 그리고 그 문제가 해결되기 전까지는 치유로 가는 길을 한발자국도 디딜 수 없어 보인다.

❀ ✿ ❀

1958년 한 영국 공동체에서 일어난 썰매 사고는 열여섯 살 된 제임스의 생명을 앗아갔다. 성격이 활발하고 운동을 좋아했던 제임스는 여느 십대가 다 그렇듯이 말썽도 일으켰지만 여전히 어린아이다운 순수함을 간직하고 있었다.

그 해 겨울 유난히 눈이 많이 온 어느 날, 점심을 먹고 난 후 제임스는 썰매를 타기 위해 친구들과 함께 밖으로 나갔다. 제임스는 학교 친구 샘과 가파른 언덕 끝에서 경주를 하며 쏜살같이 내려오고 있었다. 그 때 사고가 일어났다. 제임스가 문기둥을 들이받았던 것이다.

처음에는 모두들 안심했다. 제임스가 머리를 부딪치지도 특별한 상처를 입지도 않았기 때문이었다. 그런데 잠시 후 제임스는 배에서 극심한 통증을 느꼈고 바로 병원으로 옮겨졌다. 검사 결과 내장이 파열되어 출혈이 심한 상태인 것이 밝혀졌다.

심각한 상황을 알게 된 공동체 식구들은 다 같이 모여 제임스를 위해 기도했다. 하지만 몇 시간 후 제임스는 죽고 말았다. 제임스는 마지막으로 이렇게 말했다고 한다. "이렇게 된 게 샘 잘못이 아니라고 샘에게 꼭 말해 주세요."

사고는 늘 발생한다. 하지만 사고가 일어난 후 아무런 변화 없이 예전처럼 살아가서는 안 된다. 사고에는 반드시 배워야 할 교훈이 있는 것이다. 실제적으로 배워야 할 점도 많지만 영적인 교훈이 그 안에 반드시 있다.

너무 많은 아이들이 막을 수 있는 사고로 인해 목숨을 잃는다. 우리는 부모로서, 선생으로서, 또는 보호자로서 하나님이 우리에게 주신 책임을 제대로 수행하기 위해 진지한 노력을 아끼지 말아야 한다. 큰 사고를 당한 뒤에 뻔뻔스럽게 다 하나님의 뜻이라며 우리 책임을 회피하지 말아야 한다. 핑계 대기를 그만 두고 모든 것을 우리 탓으로 돌리며 책임을 깊이 절감해야만 한다. 그 사고가 부주의로 일어난 것이라면 특히 더 그렇다.

자칫하면 생명을 잃을 수도 있었던 '아슬아슬한 경험'을 했을 때도 그것은 동일하게 적용된다. 그런 경험을 통해 사고 없이 살아가는 하루하루가 다 하나님의 은혜 때문이라는 사실을 기억해야만 한다. 구사일생으로 살아남은 사람은 다시 한 번 삶의 기회를 부여 받은 것과 다름없다. 그러나 동시에 그것은 경고이기도 하다. 언젠가 나의 아버지 하인리히 아놀드도 말했듯이 "그 일을 통해 하나님은 심각하게 그 당사자와 주변 사람들에게 경고의 말씀을 하고 계신다."

1974년에는 하나님이 우리에게 심각하게 말씀하신 사건이 있었다. 그 해 일어난 비극적 사고로 드와이트와 제리가 목숨을 잃었다. 두 사람은 모두 유능한 비행기 조종사였다. 나는 드와이트가 조종하는 비행기를 자주 탔다. 그 해 12월 30일, 드와이트는 가족들과 차를 마신 뒤 제리와 함께 비행 연습을 하러 갔다. 드와이트의 집 주변에는 산등성이가 많았고 그로 인해 날씨가 변덕스러웠다. 날씨가 매우 좋지 않은 날에는 산꼭대기가 구름으로 덮여 있었다.

드와이트와 제리가 저녁이 되어도 돌아오지 않자 모두에게 불길한 예감이 들었고, 우리 공동체 형제들이 경찰과 함께 구조대를 조직했다. 자정 직후에 비행기 파편이 산등성이 서쪽 벼랑에서 발견되었다. 제리는 조종석에 앉은 채로 있었고, 드와이트는 기체에서 몇 미터 떨어진 곳에 엎드려져 있었다.

그 두 형제의 죽음은 우리 모두에게 엄청난 충격을 주었다. 목사이기도 한 드와이트와 그의 아내 노랜에게는 자녀가 열둘이 있었고, 막내가 겨우 일곱 살이었다. 제리와 아내 토비에게는 다섯 아이가 있었으며, 토비는 여섯째 아이를 임신 중이었다. 갑자기 우리 중에 미망인 두 명과 아빠 없는 아이 열일곱 명이 생긴 것이다. 하나님이 우리 모두에게 말씀하고 계신 것이 분명했기에 우리는 진지하게 마음을 열고 하나님의 뜻을 살펴야 했다.

그 시간은 우리 공동체에게 있어 정말 비탄의 시간이었지만 22년이 지난 후 그 때를 돌아보면, 우리 교회가 영적으로 부흥한 중요한 때이기도 했다. 신비롭게도 드와이트는 죽기 며칠 전에 새해 전 날에 할 설교 말씀을 미리 준비해 두었다. 설교는 다음과 같이 시작된다. "무엇보다도 준비되어 있어야 합니다. 우리 자신을 준비합시다." 드와이트는 살아서 새해를 보지는 못했지만 그 자신은 준비가 되어 있었다.

비극적인 사건이 하나님의 뜻을 드러낼 수 있을까? 그럴 수 없다고 주장한다면 그것은 어떤 모순에 부딪히게 된다. 성경은 예수님이 고통을 당하고 죽어야 했던 사건을 하나님의 뜻이라고 전한다. 하나님은 고통과 죽음을 원하지 않으시지만 여전히 고통과 죽음을 허용하신다.

우리는 이 두 사실 간의 대립을 어떻게 이해할 수 있을까? 모세가 마음의 강퍅함이라고 말했던 우리의 죄 때문에 하나님이 현재 허용하시는 것과 하나님의 궁극적인 뜻인 완전한 사랑이 온전히 드러날 미래 나라 사이에는 아직 차이가 존재하는 것 같다.

조지 맥도널드는 어느 책에선가 때때로 비극이 맑은 하늘에 천둥이 치는 것처럼 찾아오고, 그로 인해 우리 인생이 완전히 바뀐다고 말했다. 그 때 무엇이 일어나느냐는 비극에 우리가 어떻게 반응하느냐에 달려있다. 하나님의 팔에 자신을 의지할 수도 있고, 아니면 절망과 고독의 나락으로 떨어질 수도 있다.

우리가 고통이나 죽음에 직면하게 되면 우리를 하나님께 더 가까이 가게 해 달라고 간구하자. 확신컨대 어떠한 비극이 우리에게 일어나더라도 그것을 통해 우리가 하나님과 사람들을 향한 더 큰 사랑으로 나아가게 되는 것이 하나님의 뜻이다.

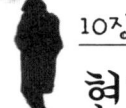

10장
현대의학을 넘어서 *Beyond Medicine*

 앞으로 어떻게 해야 하는지 생각해 보았습니다. 화요일 아침에 주치의를 만났는데 지금 쓰고 있는 강한 약이 종양치료에 아무런 효과가 없다고 합니다. 대수술을 받은 후, 1차 치료를 통해 완치를 시도했습니다. 하지만 그 치료는 소용이 없었고, 현재는 암이 재발한 상태입니다. 의사는 이제 완치가 불가능하고 어떤 치료법도 단지 죽을 날만 연장할 뿐이라고 합니다.
 현재로서는 두 가지 화학치료 방법 중에 하나를 선택할 수 있습니다. 그리고 한 가지 선택이 더 있습니다. 치료를 중단하는 것입니다. 아무리 생각해 봐도 자꾸 치료 중단 쪽으로 마음이 갑니다. 화학치료가 얼마나 끔찍한지 겪어 보지 않은 사람은 모릅니다. 그걸 다시 받을 생각만 해도 사지가 다 마비되는 것 같습니다. 그리고 정말이지 다시는 머리카락을 잃고 싶지 않습니다. 그런 것이 별거 아닌 것 같지만 저에게는 정말 중요합니다.

그래서 기쁜 마음으로 더 이상 아무 치료도 받지 않으려고 합니다. 그저 저에게 허락된 하루하루를 감사하며 살아가고 싶습니다. 제가 예수님을 붙잡는다면 그분께서 저와 함께 이 어둠의 골짜기를 동행해 주실 거라 믿습니다. 예수님이 지금까지 나와 함께하셨음을 믿습니다. 지금의 저에게는 욥의 고백이 절실하게 다가옵니다. "내가 알기에는 나의 대속자가 살아 계시니 마침내 그가 땅 위에 서실 것이라 내 가죽이 벗김을 당한 뒤에도 내가 육체 밖에서 하나님을 보리라"(욥기 19:25~26).

제 앞에 무슨 일이 닥치더라도 저는 하나님을 신뢰할 것입니다. 물론 견디기 힘든 시간들이 오리라는 것을 압니다. 하지만 저는 하늘에 계신 의사에게 더욱 의지하고 싶습니다. 그분은 치료 방법을 가장 잘 알고 계시니까요. 그분은 저에게 충만한 생명을 주셨고, 저는 이제 그분에게 제 생명을 다시 돌려드리게 된 것을 기쁘게 생각합니다.

브론웬으로부터

브론웬은 마흔아홉 살이다. 이 편지를 나의 아내에게 보낼 당시, 그녀는 온몸에 종양이 퍼지기 시작했고 더 이상 어떤 치료도 소용이 없는 상황이었다. 오랜 세월 동안 암과 싸웠지만 어떤 화학치료도 효과가 없었고, 이제는 이런저런 검사를 받는 것에도 지쳐 버렸다. 그녀가 삶에 싫증을 느꼈다는 말은 아니다. 단지 치료를 넘어선 다음 단계로 넘어갈 준비가 되었다는 말이다.

브론웬이 얼마나 오랫동안 싸워왔는지 아는 사람이라면 그런 결정을 이해할 수 있을 것이다. 그녀는 포기한 게 아니었다. 단지 싸움이 이제는 다른 차원으로 이어져야 한다는 것을 인정한 것뿐이다. 그녀의 이런 태도는 매우 현실적인 결정이었기에 누구도 거기에 대해 이러쿵저러쿵 하는 사람이 없었다.

며칠 후 그녀는 또 한 통의 편지를 보내왔다. "앞으로 어떤 일이 닥칠지 모르지만 제 마음은 평안합니다. 저를 위해 하실 수 있는 일을 해 주세요. 하지만 최종적으로 모든 것은 기도에 달려 있겠지요."

우리는 브론웬이 내린 결정에 대해 눈살을 찌푸리는 문화 속에 살고 있다. 그러나 그것은 애석한 일이다. 병으로 죽음을 기다리는 사람들 중에는 집에서 사랑하는 가족과 친지들 속에서 마지막 시간을 보내고 싶어하는 이들도 있고 그들의 바람 또한 존중해주어야 한다고 생각한다.

하지만 현실은 그렇지 않다. 대부분의 사람들은 병원에서 온갖 의학 장비를 몸에 달고 모르는 사람들에게 둘러싸여 최후를 맞고 있는 것이다. 생의 마지막 시간을 자신의 삶을 돌아보며 추억을 나누고 친구들에게 작별인사를 하며 보내는 것이 아니라, 피할 수 없는 운명을 억지로 밀어 내면서 의학

장비 속에서 보내는 것이다.

말기 환자를 돌보는 일을 하는 사람이라면 누구나 자신이 교육 받은 내용이 이런저런 환자를 돌보는 데 한계가 많다는 사실을 경험한다. 각각의 인간은 — 심지어 똑같은 병을 가진 사람일지라도 — 죽음에 임하는 방식이 각기 다르고, 던지는 의문들도 모두 다르다. 중요한 것은 이런 의문들을 솔직하게 터놓고 답을 찾아가는 태도이다.

가끔 나는 '어떤 환자의 영혼이 몸에서 놓이기를 절실하게 원하는 것이 분명할 때, 그 육체를 언제까지 살아있게 해야 하는지' 의문이 들 때가 있다. 생명을 연장한다는 것이 아무 진전도 없이 몇 주 혹은 몇 달 병원에 갇혀 있는 것이라면 우리는 이런 질문을 던질 수 있어야 한다. '이렇게 생명을 연장시키는 것이 과연 누구를 위한 것인가? 그 환자 자신을 위한 것인가? 아니면 그 환자를 보내기 싫어하는 다른 사람들을 위한 것인가?' '우리는 지금 어떤 도덕 기준에 맞추려고 애쓰고 있는 것은 아닌가? 또 온통 의학 연구에만 관심 있는 사람들의 압력에 끌려 다니고 있는 것은 아닌가?'

의학 치료를 넘어 나아간다 moving beyond medicine 는 것은 의학의 역할을 얕보는 것이 아니다. 또한 치료를 통한 감염 예방이나 고통을 줄이는 도움조차 거부한다는 것도 아니다. 그것은 주사나 약에 집중하던 관심을 접고, 죽음의 사회적이고 영적인 차원에 더 초점을 맞추자는 것이다.

❀ 🦋 ❀

　오랫동안 심장병으로 고생하던 패트에게 시간이 얼마 남지 않았다는 것이 분명해지자, 패트 자신과 가족들은 입원하지 않기로 마음을 굳혔다. 하지만 의사들은 병원에서 무엇인가 하나라도 더 해줄 수 있다며 반대했다. 하지만 패트와 가족들은 스스로 입원을 포기했고, 불과 몇 주 후 패트는 죽음을 맞이했지만 가족들은 후회하지 않았다. "마지막 순간에 온 가족이 다 모였습니다. 아주 어린 손자까지도. 만약 병원에 입원했더라면 모든 가족과 함께할 수 있는 귀중한 시간을 가질 수 없었을 겁니다."

❀ 🦋 ❀

　티나도 가능한 치료를 다 받았지만 죽음은 집에서 맞았다. 유방암 말기에 티나는 진통제에 의존했고 고통을 줄이는 모든 치료를 받았다. 하지만 죽음이 가족 문제라는 생각에 입원을 하지 않았다. 티나를 집에서 돌봐주던 간호사는 이렇게 회고했다.

　티나는 자신이 죽을 것이라는 사실이 분명해지자 모든 것을 떨어져서 보려는 노력을 했다. 그런 태도는 단호했다. "내가 죽을 게 확실하다면 병원에 가서 의사를 만나고 피를 뽑고 체중을 재는 것이 아무런 의미가 없습니다. 중요한 것은 편안한 마음으로 남은 시간을 사는 것이죠."

티나는 구역질이 나고 기운이 없을 때조차도 침대에 눕는 대신 힘든 몸을 일으켜 할 수 있는 일을 찾아 했다. "저는 암 때문에 죽어 간다고 생각하지 않아요. 암과 함께 산다고 생각해요"

티나는 죽음에 임박하자 간호사를 병원으로 돌려보냈다. 그리고 가족들은 마지막 순간까지 티나를 보살폈다.

의학 치료를 넘어 나아간다moving beyond medicine는 게 꼭 죽음으로 가는 것만을 의미하지도 않는다. 실제로 그 반대의 경우도 보았다. 하디 숙부의 사례를 보면, 사람이 자기 노력을 포기할 때 비로소 하나님이 개입하셔서 대신 싸우신다는 진리가 생각난다.

하디 숙부는 오랫동안 심장병과 당뇨병으로 고생을 했다. 1984년 10월 하디 숙부는 심장 이식수술을 받았고, 같은 해 11월에는 심부전증으로 고생을 했다. 12월초 숙부의 혈압이 위험할 정도로 내려갔다. 때때로 잠을 못 잘 만큼 고통이 심했다. 하지만 그렇지 않을 때는 너무 평안했다. 그런 순간 사람들은 숙부의 방에 영원永遠이 가까이 있는 것을 느낄 수 있었다. 숙부는 너무 단순하게 어린아이처럼 이렇게 말한 적이

10장 현대의학을 넘어서

있다. "난 죽어가고 있네."

   숙부는 혈압을 유지하기 위해 정맥 주사로 약을 주입했고 호흡곤란과 가슴의 통증을 줄이기 위해 산소 호흡기로 호흡을 했다. 그러던 어느 날 숙부가 정맥 주사기를 떼어내려고 하는 바람에 모두가 놀랐다. 나에게 아버지 같은 존재였던 숙부는 평생 젊은이들을 하나님께로 이끄는 삶을 사셨다. 숙부는 삶에 대해 그래왔듯이 이제는 죽음을 준비한 것뿐이었다.

   숙부는 무슨 일이든 그것은 하나님이 자신을 위해 정하신 것이라고 말했다. 우리는 충분하게 그 상황에 대해 논의했고 마음은 놓이지 않았지만 정맥주사를 중단하는 데 동의했다. 의사들은 정맥주사를 맞지 않으면 숙부가 오래 살지 못할 것이라 말했고 숙부도 그것을 알고 있었다. 그 일은 믿음의 걸음이었다. 우리는 믿음을 가졌다. 가장 중요한 것은 하디 숙부가 믿음을 가졌다는 것이었다.

   간호사들과 한 형제가 정맥주사를 떼어냈을 때, 하디 숙부는 그 형제에게 허리를 굽혀 입맞춤을 해주었다. 숙부는 공동체 식구들이 모두 보고 싶다며 모임을 가져 달라고 부탁했다. 이른 오후라 모두들 일을 하고 있을 때였지만 우리는 공동체 식구들을 모두 불렀다.

   숙부는 휠체어를 타고 도착했다. 정맥주사도, 산소 호흡기도, 아무것도 없이! 그 때는 성탄절 직전이었다. 나는 그리스도의 오심에 대해서 설교했다. 또 전 세계에 대한 소망의 때와 아프고 신음하는 자들에 대한 희망의 때에 대해 말했다. 우리는 함께 찬송을 했고 하디 숙부를 보호해 달라고 하나님께 간구했다.

신비스럽게도 하디 숙부는 그 다음 날도 살아 있었고, 이전보다 호전되어 날마다 새 힘을 얻었다. 그 다음 주부터 몇 달 동안 숙부에게는 생기가 넘쳐흘렀다. 유럽을 포함해서 여러 차례 여행도 다녀왔다. 숙부는 그렇게 3년을 더 살다가 평안하게 세상을 떠났다. 아래는 에미 할머니가 쓴 글이다.

죽어가는 사람은 죽기 전에 갑자기 생명의 힘이 불끈 솟을 때가 있다. 그 때에는 회복에 대한 새로운 희망이 생긴다. 그것은 길고도 추운 겨울 앞에 오는 햇살이 눈부신 가을과 같다. 그러나 겨울이 가고 나면 봄이 온다. 부활의 봄이.

하디 숙부의 마지막 3년을 통해 우리는 의학적인 지식을 내려놓고 모든 것을 하나님의 손에 맡겨야 할 때가 있다는 것을 알게 되었다. 오늘날도 우리가 믿기만 하면 하나님은 기적을 보여주신다.

Part 3

치유

Be not Afraid

점점 짙어지는 어둠 속에서 희미하게 깜박이던 불빛마저도 완전히 꺼져버렸을 때,
바로 그 때 그리스도의 강하고 안전한 손이 내게 다가왔다.

11장 하나님의 손에
God's Hands

　매튜 레이는 겉으로 보아서는 정말 건강해 보였지만 태어난 지 2주가 되었을 때 심한 황달 증상을 보였다. 그리고 얼마 후 간과 장을 연결하는 담관bile ducts이 없다는 사실이 밝혀졌다. 이런 상태는 매우 희귀한 경우로 요즘이라면 고칠 수 있지만, 그 당시(1967년)만해도 치료가 불가능했다. 예일대학병원에서 수술을 받기 전 문제가 얼마나 심각한지 알게 되었다. 의사는 매튜가 14개월을 넘기지 못할 거라고 했다. 매튜의 부모인 피터와 수잔나는 아기를 데려오면서 가슴이 무너지는 것 같았다.

　매튜는 6개월까지는 정상적으로 자랐지만 늘 온 몸이 엷은 노란색이었다. 6개월이 지나면서 상태가 나빠지기 시작했다. 처음에는 몸무게가 늘지 않다가 나중에는 살이 빠졌다. 배가 부풀어 올랐고, 얼굴에 주름이 생겼다. 후에 매튜의 아버지가 말하길, 매튜는 굶주린 아이 같았다고 했다. 살이 없어 뼈가 다 드러나 눈이 더 크게 보였다. 하지만 매튜의 형과 누이들은 그런 사실을 전혀 개의치 않았고 매튜를 있는 모습 그대로 사랑해 주었다.

의사가 말한 대로 매튜는 14개월이 되었을 때 숨을 거두었다. 그 때 매튜의 살가죽은 검푸른 오렌지색이었고, 몸무게는 4킬로그램이 되지 않았다.

오늘날처럼 과학기술의 발달로 각막 이식과 심장 이식까지 가능하고 놀라운 약품이 속속 개발되는 시대에도 결코 죽음은 막을 수 없다. 이것은 창조 이후로 변하지 않는 진리이다. 우리 생명은 오직 하나님 손에 있는 것이다.

불가지론자나 무신론자일지라도 예기치 못한 두려움에 사로잡히거나 끔찍한 고통을 겪게 되면 "아이고 하나님!" 하며 하나님을 부르는 것을 보면, 의식하건 못하건 누구나 이 사실을 인정하고 있는 것 같다. 하지만 평탄한 시절만 되면 하나님은 어느새 무대 뒤로 자취를 감추고 모든 게 다 좋고 계획대로 잘 풀리는 것처럼 보인다. 매튜의 부모처럼 실제는 그렇지 않다는 것을 발견하기 전까지는 말이다.

❁ ❀ ❁

인간이 하나님께 의존된 존재라는 의식을 가지고 산다는 것은 무엇을 말하는 것인가? 젊은 나이에 호지킨병(가장 흔한 악성 림프종 또는 림프계의 암, 림프절과 비장이 커지고 심한 빈혈이 오는 병)에 걸렸던 아델라, 그녀에게 그것은 자신의 꿈을 포기해야 하고 어떤 미래도 계획할 수 없게 되었을 때에 하나님의 간섭하심을 인정하는 것을 의미했다.

아델라는 스물다섯 살에 자신이 암에 걸린 것을 알게 되었다. 그 때 그녀는 세르게이란 청년과 사랑에 빠져 있었다. 두 사람은 암 선고를 받은 후에 사랑이 더욱 깊어졌다. 세르게이가 한번은 내게 이렇게 말했다. "아델라와 제가 함께하는 것이 하나님의 뜻이라고 믿습니다." 나는 그 말에 깊이 감동했다. 그리고 둘의 사랑은 단지 감정적이고 이성간의 끌림이 아니라, 하나님이 주신 진실한 사랑이라는 확신을 가지게 되었다.

나는 1985년 8월 그 두 사람을 부부로 맺어 주었다. "기쁠 때나, 슬플 때나, 건강할 때나, 아플 때나, 죽음이 두 사람을 갈라놓을 때까지 서로를 참아주고 사랑하겠습니까?"라는 질문이 그 때만큼 실제적으로 다가온 적은 없었다.

인간적으로 그 두 사람의 결혼은 무모해 보였다. 그들의 결혼생활은 화학요법의 고통에 맞서 싸우는 것으로 시작되었다. 아델라는 첫 번째 치료에서 위험한 상태에 빠지기도 했다. 그 후 3년 동안 복잡한 치료과정을 거치고 자주 입원을 하며 계속 화학치료를 받아야 했다.

세르게이는 충실하게 그녀의 곁을 지켰다. 담당 의사들은 골수 이식 수술을 겸한 더 힘든 화학치료를 해보자고 제안했다. 하지만 그 치료도 큰 효과는 없었다. 마침내 부부는 모든 것을 하나님께 맡기기로 결정하고 치료를 중단했다.

아델라는 그런 어려움 속에서도 웃음을 잃지 않았다. 화학치료 때문에 머리카락이 다 빠졌을 때에도 왕관 같은 것을 쓰고 병실마다 돌아다니며 다른 환자들을 즐겁게 하기도 했다.

세르게이와 아델라는 자식을 낳을 수 없다는 사실을 받아들이기 힘들었지만 자기 연민에 빠지지 않고 아이를 입양하기로 결정했다. 입양 절차는 매우 복잡하고 까다로웠다. 하지만 두 사람은 포기하지 않았다. 두 사람은 입양하는 데 필요한 행정절차가 아무리 어려워도 물러서지 않고, 반드시 부모가 되겠다고 결심했다. 세르게이는 아기 침대를 샀고 아델라는 갓난아기 용품까지 준비했다.

하지만 두 사람의 소망은 이루어지지 않았다. 1989년 3월, 6개월의 결혼생활을 뒤로 하고 아델라는 세상을 떠났다. 아델라는 떠나가기 바로 전에 남편에게 편지를 썼다.

부디 제가 죽으면 저는 영웅이 아니라 하나님의 뜻을 따르지 않았던 죄인일 뿐이었고, 다른 사람을 섬기고 사랑하지 못하고 절망과 슬픔과 두려움과 의심과 악마의 유혹을 알고 있던 사람으로 기억해 주세요. 그리고 눈물보다 웃음을 좋아했고, 암으로 죽을 수도 있지만 암을 가지고 살 수도 있고 암에 대해 농담도 할 수 있다는 것을 기억해 주세요. 부디 제가 만든 것들과 쓴 글들을 간직하지 마세요. 그것은 땅의 것일 뿐 특별한 것이 아닙니다. 차라리 하나님의 뜻에는 '왜'가 없다는 것과 하나님의 길은 언제나 최선이라는 것, 또 우리가 그분을 사랑하지 않을 때에도 그분은 우리를 사랑하셨고 교회에서도 당신은 혼자가 아니라는 것을 잊지 마세요. 희망은 절망보다 위대하며 믿음은 두려움보다 위대하답니다. 언젠가는 하나님과 그 나라의 권세가 모든 것을 이길 거예요.

아델라는 또 이런 시도 남겼다.

사랑하는 당신
제가 이 글을 쓰는 것이 어렵듯이
당신도 이 글을 읽는 것이 쉽지 않겠지만
전 이 글을 써야 했어요.
오랜 세월이 흘러야
이 글이 당신에게 필요할지도 모르겠지만요.
어떻게 당신 없이 살 수 있을지 알 수 없지만
내가 당신보다 오래 살지도 모르지요.
하나님만이 우리의 때를 아시기에
나의 때가 오면
하나님은 내게 다가오셔서
이제 갈 때가 됐다고 말씀하시면서

나를 만드신 분을 만날
준비가 됐는지 물으시겠죠.
그리고 내 손을 잡아 주실 거예요.
내 죄의 용서를 위해 기도해 주세요.
내 영혼의 평안을 빌어 주세요.
난 당신이 위로를 받도록 빌고
당신을 위해 싸우고 당신을 사랑할 겁니다.
영원히 내내.

우리가 하나님 손 안에 있다는 것을 믿고 그로 인해 마음이 평안을 누릴 수 있다는 것은 죽음을 맞이하는 사람에게뿐만 아니라, 남아서 슬퍼하는 유가족에게도 은혜요 선물이다. 하지만 그런 평안을 발견하거나 죽음을 준비할 기회조차 갖지 못하고 떠난 사람은 어떻게 한단 말인가? 또 그 사실 때문에 더 가슴이 아픈 유가족은 어떻게 한단 말인가? 이혼한 부부나 불화로 인해 헤어진 가족의 경우 역시 마찬가지다. '내 남편(또는 어머니, 아버지, 아들, 딸)은 어디로 갔을까? 하나님과 함께 있을까?'

이런 두려움이 단지 죽은 사람이 어디로 갔는지 몰라 느끼는 불안에만 국한되지 않는다. 신앙인들은 마지막 심판 날 어떤 판결을 받을지 떨릴 것이고, 비신앙인들은 미지의 존재에 대한 두려움이 있을 것이다. 나는 오랜 상담과 목회 경험을 통해 생각보다 많은 사람들이 이런 의문과 씨름하고 있다는 것을 알게 되었다.

우리 가운데 누구도 죽은 사람을 위해 변호할 수 없다. 비록 그렇게 할 수 있다 해도 바꿀 수 있는 것은 아무것도 없을 것이다. 하나님은 우리가 알지 못하는 신비한 방식으로 역사하신다. 그리고 죽음의 신비만큼 이해하기 힘든 것도 없을 것이다. 그럼에도 사랑하는 사람을 하나님 손에 맡김으로써 우리는 평안을 발견할 수 있다.

※ ❀ ※

1978년 6월 어느 날 아침, 집 근처 호숫가에서 리사가 발견되었을 때 이웃 사람들은 도무지 믿을 수가 없었다. 리사는 스스로 목숨을 끊었던 것이다.

55세였던 리사는 말할 수 없는 시련을 당해 왔다. 9명의 아이들 가운데 두 아이가 죽었고 한 아이는 희귀한 병에 걸렸다. 그뿐만 아니라 리사 자신도 습진, 정신 분열증, 파킨스병 등으로 무척 고생을 했다. 잘 걷지도 못했고 가끔은 수전증이 심해 음식을 먹거나 옷 입는 일도 할 수 없었다. 설상가상으로 그의 남편도 세상을 떠났다.

교회 활동에 매우 적극적이었기에 리사 주변에는 친구가 제법 많았다. 게다가 좋은 의사의 치료를 받고 있었으며 간호사도 날마다 집으로 방문했다. 성장한 자식들도 최선을 다해 어머니를 모셨다. 하지만 그것으로는 충분하지 않았는지 그녀는 세상을 등져 버렸다. 그녀를 아는 모든 사람들은 의혹과 죄책감, 그리고 슬픔으로 망연자실했다.

몇 년 전에 리사와 나는 같은 지역에 살았다. 리사는 병원에서 간호사로 일했다. 우리가 멀리 이사 온 뒤에도 연락을 주고받았다. 리사에게 우울한 기질이 있다는 것을 알고 있었지만 이런 일이 있으리라는 것은 상상도 못했는데…….

리사의 장례식은 침통한 분위기였다. 리사의 죽음을 납득하지 못하는 가족에게 우리 아버지는 낙심하지 말라며 위로하셨다. 시작과 끝이 있는 인간의 사랑과 영원한 하나님의 사랑을 대조하면서 아버지는 이렇게 말씀하셨다.

어머니를 잃는 고통은 가슴에 큰 상처가 되지. 하지만 하나님의 사랑은 더 크다네. 이 죽음을 통해 우리는 더욱 하나님을 신뢰하는 것을 배워야 해. 그럴 때 하나님은 우리의 모든 필요를 채워 주신다네. "어머니가 자식을 위로함같이 내가 너희를 위로할 것"이라고 하나님은 이사야서에서 약속하셨네.

사람들은 종종 이해할 수 없는 행동을 한다네. 우리는 그저 사람들의 겉모습만 볼 수 있을 뿐이지. 하지만 모든 영혼을 깊숙이 보시는 하나님은 다 아신다네. 사람이 아무리 똑똑해도 가끔 어리석은 행동을 한다네. 마음으로는 하고 싶어도 할 수 없는 일도 있고, 마음에 간직한 것을 표현할 단어를 못 찾을 때도 있지. 또 어떤 일을 해 놓고도 왜 그랬는지 설명할 수 없을 때도 있네.

우리가 알려고 애쓸수록 마음만 힘들어지고 침체된다네. 그런 상태가 되면 마음의 고통은 말할 수 없이 커지게 되지. 하지만 하나님은 여전히 우릴 지켜보시고 또 다 듣고 계신다네.

하나님의 눈길은 사랑의 눈길이라네. 모든 피조물을 품으시고 용기를 주신다네. 창조주 하나님은 어떤 피조물도 미워하시지 않네. 사랑으로 바라보시는 하나님의 눈길보다 환한 것은 없고 위로를 주는 것도 없지. 우리 마음속을 속속들이 들여다보시는 하나님의 눈길은 무자비한 것이 아니라네. 그분은 우리를 무엇보다 깊고 연민 어린 마음으로 품으신다네.

나는 아버지 말을 떠올리면서 마음을 추스를 때가 많다. 우리가 근심하고 두려워하는 이유가 분명하다 할지라도 소망을 가지고 두려움을 내어쫓는 사랑을 신뢰할 수 있는 더 큰 이유가 있다고 나는 확실히 믿는다. 성경이 그렇게 말하고 있기 때문이다.

"내가 확신하노니 사망이나 생명이나 천사들이나 권세자들이나 현재 일이나 장래 일이나 능력이나 높음이나 깊음이나 다른 어떤 피조물이라도 우리를 우리 주 그리스도 예수 안에 있는 하나님의 사랑에서 끊을 수 없으리라"(로마서 8:38~39).

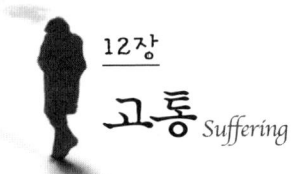

12장
고통 Suffering

고통에 대해 생각할 때마다 나는 미리암이 떠오른다. 미리암은 복합장애를 가지고 태어났다. 음식을 삼킬 수 없어서 생후 한 살이 될 때까지 급식관을 사용해야만 했다. 그러나 미리암에게 가장 심각한 문제는 골형성부전증brittle bone disease, 骨形成不全症 (뼈의 발육이 온전하지 못한 선천성 골 질환) 이었다.

그래서 걸음마를 배울 때 유아용 침대의 막대 사이로 들어간 다리를 빼다가 뼈가 부러지기도 했다. 그리고 마루깔개에 걸려 넘어지거나 문틀에 부딪히면 여지없이 팔이나 다리뼈가 부러져 수술을 받았는데, 그 때마다 6주 또는 그 이상의 기간 동안 큰 고통을 겪어야 했다. 미리암이 여덟 살이 될 때까지 팔이 16번이나 부러졌다.

열 살 때 미리암은 심장병을 앓았다. 그것도 부족했는지 척추까지 휘어졌고, 십대 중반부터는 휠체어를 타야 했다.

28년이란 짧은 생을 살면서 40번을 입원했고 수백 번 뼈가 부러졌으며 열다섯 번도 넘게 수술을 받았다.

그녀의 뼈는 약했지만 반면 성격은 야무졌다. 무거운 금속 버팀대를 한 채 작은 목발로 쉬지 않고 껑충거리며 다니는 걸 보면 꼭 한 마리 참새 같았다.

목발을 의지하다 보니 이제는 그녀의 팔뼈가 심하게 휘어지게 되었다. 의사는 목발 사용을 금지하고 휠체어만 사용하도록 지시했다. 그러나 미리암은 여전히 모든 수업에 적극적으로 참여했고 가능한 모든 야외활동에도 참여하려고 했다.

자전거 바퀴를 달아 휠체어를 가볍게도 해보고, 또 남자아이들이 들 수 있게 휠체어에 장대를 달아 산악 도보 여행에 참여하기도 했다. 원하는 곳을 어디든지 갈 수 있게 되었기 때문이다. 미리암이 너무 좋아서 그걸 타고 공동체를 이리저리 돌아다니며 만나는 사람마다 자랑하던 모습이 지금도 눈에 선하다.

미리암은 성인이 되어서도 여전히 몸집이 작았다. 1미터 20센티의 키에 몸무게가 36킬로그램에 불과했다. 척추가 휘어져서 폐활량이 줄어들었고 그로 인해 항상 숨을 가쁘게 쉬었다. 그리고 그것은 심장에도 영향을 미쳤다. 의사들은 1년밖에 살지 못할 거라고 내다보았다. 한번은 열흘을 넘기지 못할 거라고도 했다. 그 때는 아무도 미리암이 12년이나 더 살 거라고 생각하지 못했다.

미리암의 고통은 신체의 질병에만 그치지 않았다. 그녀가 열네 살 때 갑자기 어머니가 돌아가셨다. 어머니의 죽음은 미리암에게 큰 충격이었다. 힘겨운 날들이 계속 되었지만 그녀는 낙심하지 않았다. 그 당시 나의 아버지는 미리암에게 이런 편지를 쓰셨다. "교회가 이제 너의 어머니이고, 너는 교회의 딸이다." 미리암은 그것을 감사하게 받아들였다. 또 한 번은 이런 편지도 보내셨다. "육신은 튼튼하지만 영혼이 무딘 사람들이 많다. 네 육신은 비록 약하지만 영혼은 살아있구나. 그걸 하나님께 감사하렴."

내가 미리암에게 세례를 주었을 때, 미리암은 어린아이처럼 순수하게 병이 나을 것을 믿었다. 미리암은 다른 사람들처럼 걷고 달리길 간절히 원했다. 하지만 하나님은 그 대신 다른 선물을 주셨다. 하나님께만 온전히 의지하는 미리암의 신앙이 사람들의 내면 깊은 곳까지 영향을 끼치도록 하나님이 미리암을 사용하셨던 것이다.

미리암의 마지막 한 달은 생명을 위한 치열한 싸움의 시간이었다. 미리암의 자그만 육체는 생명을 쉽사리 놓아주려고 하지 않았고, 그녀는 극심한 고통을 겪어야 했다. 그러나 미리암은 죽음을 두려워하지 않았다.

이미 오래 전부터 자신의 삶이 길지 않으리라는 것을 알고 있었기에 어린아이처럼 천국을 기대했다. 더 이상 의학적으로 아무것도 할 수 없게 되었을 때, 미리암은 산소 호흡기를 낀 채 이렇게 말했다. "저는 준비가 되었어요. 한 가지, 여러분에게 고맙다는 편지를 쓰질 못했군요."

미리암처럼 평생을 고통 속에 사는 것도 하나님의 뜻일까? 성경에는 '하나님이 하시는 일을 나타내기' 위하여 나면서부터 소경된 자의 이야기가 나온다. 그리고 성경은 예수님이 고난을 당하시고 죽으신 것이 하나님의 뜻이었다고 말한다. 하지만 동시에 고치시고, 구원하시고, 생명을 주시는 하나님의 능력에 대한 이야기가 성경 안에 가득 차 있는 것을 볼 때 여전히 질병과 죽음이 존재한다는 사실이 쉽게 납득이 가지 않기도 한다.

༺ ༻ ༺

작가인 엘리자벳 엘리엇Elisabeth Elliott은 이렇게 말한다.

"우리가 이런 병과 죽음을 어느 정도는 세상살이의 일부분으로 받아들인다 하더라도, 순전한 아이나 아무 죄 없는 어른이 억울한 고통과 죽음을 당할 때는 사실 받아들이기 힘들다. 그래서 우리는 심각하게 고민해 보기도 하고 답을 찾기 위해 신학적으로 연구하기도 한다."

내 생각에는 이런 노력은 대개 시간 낭비일 때가 많다. 물론 고통의 의미를 탐구하는 것은 분명히 소중하며 우리를 성숙하게 만들 수도 있다. 그러면서 엘리엇은 계속해서 말한다.

"우리가 고통의 문제를 이성적으로 설명해 보려는 욕구를 채울 때마다 거기에는 어떤 대가가 따른다. 어떤 한 가지 비밀을 풀었다고 생각하는 순간 우리는 책을 덮어 버리고 더 이상 파고들려고 하지 않는다. 그렇게 되면 해결하려는 열정으로 우리를 사로잡았던 문제는 풀리지 않은 채 구석으로 밀려나 의미를 상실하게 된다."

2001년 9월 11일 뉴욕 쌍둥이 빌딩 폭파사건에 대해 언급하면서 저술가인 바바라 킹솔버 Barbara Kingsolver는 이렇게 말했다.

> 많은 답이 있긴 하지만 전혀 답이 없기도 하다. 그렇게 죽음을 당해야 할 어떤 잘못을 한 것도 아닌데 저렇게 죽어가는 사람들을 보면 안타깝고 고통스럽다. 하지만 원래 삶이란 언제나 그래왔다. 늙어가고, 암에 걸리고, 굶주리고, 비행기가 추락하고……. 축복도 있고 기적도 있다. 그리고 처참한 불운도 있고, 불확실한 미래도 있다. 우리는 삶이 마치 전략만 잘 짜면 이길 수 있는 컴퓨터 게임처럼 되길 바라지만 실제는 그렇지 않다.

겉보기에 무의미해 보이는 고통 가운데서 어떤 의미를 발견해내는 능력은 우리에게 주어지는 가장 큰 '축복' 가운데 하나일 것이다. 해산의 고통, 훈련의 고됨, 수술의 아픔같이 고통이 어떤 분명한 목적을 전제로 할 때, 우리는 그런 고통을 기꺼이 감수할 수 있다. 하지만 그 고통의 의미를 모른 채 있다면 우리는 마치 (C. S. 루이스가 표현했듯이) 수술대 위에 놓인 고양이가 자기를 치료하려는 의사와 자신을 죽이려는 해부학자를 구별하지 못하고 죽을 힘을 다해 의사를 할퀴고 물려고 하는 것과 똑같은 반응을 보이게 될 것이다.

꽃

알렉산더 솔제니친Alexander Solzhenitsyn처럼 납득되지 않는 고난도 겸손히 받아들이면서 그 고통이 가져오는 변화에 자신을 내맡길 줄 아는 사람을 만나기는 그리 쉽지 않다.

솔제니친은 시베리아의 끔찍한 강제 수용소에서 자신이 왜 감금되어 있어야 하는지 그 이유를 찾느라 몇 년을 몸부림쳤다. '내가 감금된 것이 운명의 문제이고 나 자신이 악해서라면 고통을 받아들이기가 그렇게 어렵지는 않았을 것이다'라고 생각했다.

그렇다면 투옥보다 더 가혹한 형벌을 받은 사람, 가령 총에 맞거나 화형 당한 사람은 어떤가? 그들은 극악무도한 악당들이라서 그런 형벌을 받은 것인가? 하지만 실제로는 가장 극심하게 형벌을 받는 이들은 언제나 무고한 사람들이 아니던가? 또 이런 무고한 사람들에게 고통을 가하는 가해자들에 대해선 어떻게 설명할 것인가? 선인보다 악인이 더 잘

되는 것은 왜 그런가?

하지만 이런 의문들과 오랫동안 씨름하던 솔제니친은 어느 순간 고통의 수수께끼 속에서 허우적거리기를 멈춘다. 그리고 자신이 그것을 이해하든 하지 못하든 상관없이 고통은 언제나 존재한다는 사실을 받아들이게 되면서 새로운 통찰에 눈을 뜨게 된다.

그 때 나는 고통의 문제에 대한 해답을 찾아냈다. 인간 존재의 의미는 우리가 늘 그렇게 생각해왔듯이 성공하는 데 있는 것이 아니라 영혼이 성장하는 데 있다. 그런 시각에서 보면 결과적으로 우리에게 고통을 가한 자들이 오히려 가장 끔찍한 형벌을 받은 게 된다. 그들은 인간 이하의 존재로, 짐승으로 추락하는 것이다. 또 그런 시각에서 보면 실제로 형벌을 받는 쪽은 그런 성장의 희망을 거부하는 이들이다.

되돌아보면 지금까지 나는 내 삶과 투쟁의 의미를 이해하지 못한 채 살아왔다. 내게 유익했다고 오랫동안 믿어온 것이 실제로는 치명적인 해가 되었다는 것을 알게 되었다. 그뿐만 아니라 나는 지금까지 내게 진실로 필요한 것과는 정반대 방향으로 달려 왔다는 것을 깨닫게 되었다. 하지만 수영이 미숙한 사람은 파도에 휘말려 해변으로 자꾸 내동댕이쳐지듯이, 나도 역경의 파도를 만날 때마다 고통스럽게 해변으로 튕겨졌다. 하지만 바로 그 때문에 나는 내가 참으로 가고자 갈망했던 길을 여행할 수 있었던 것이다.

 그로 인해 감옥 생활 내내 엄청난 무게로 내 굽은 허리를 더 굽게 만든 근본적인 문제, 즉 '인간은 어떻게 악하게 되고 선하게 되는 것일까'의 문제에서 벗어날 수 있었다. 성공에 도취되어 있던 젊은 날에 나는 내가 완전히 옳다고 생각했고, 그 때문에 잔인했었다. 권력의 포획 아래서 나는 살인자였고 압제자였다. 내가 가장 악한 짓을 하는 순간에 나는 선을 행한다고 확신했고 빈틈 없는 논리로도 무장하고 있었다. 그런데 지금 나는 썩어 가는 감옥의 지푸라기 위에서 처음으로 내 마음속에서 선善이 꿈틀대며 솟아나는 것을 느꼈다.

어떤 사람들은 고통이 사라질 날만을 고대하며 지내기도 하고, 어떤 사람들은 아예 고통이 없는 것처럼 자신을 속이며 살아가기도 한다. 하지만 암으로 아들을 잃은 프란은 그런 노력은 소용이 없을 뿐만 아니라, 오히려 더 힘들게 만들 뿐이라고 말한다.

고통은 영원히 연기될 수도 없고 피해 가는 길도 없다. 나이를 먹고 실패를 경험하고 나서야 나도 이것을 깨달았다. 만약 내게 고통이 다시 닥친다면 나는 그것을 붙잡고 싶다. 인생은 고달프다. 그리고 아무리 인생을 부드럽게 살고 좋게 만들려고 해도 상처를 주는 일은 있게 마련이다. 인생의 여정에서 고통에 맞닥뜨렸을 때는 오히려 정면으로 부딪치는 편이 훨씬 낫다. 고통은 결코 그냥 사라지는 법이 없기 때문이다.

아들이 병과 사투하는 처음 한 달을 태연한 얼굴로 힘겹게 버텨 온 프란의 남편은 고통을 정면으로 직면하기 위해선 솔직해지는 것과 자기 마음속에 있는 두려움을 드러내는 자발적 태도가 필요하다는 것을 알게 되었다.

나는 아이에 대한 걱정을 꾹 누르고 드러내지 않으려 했다. 힘들어 하는 아내가 더 괴로워질까 두려워서였다. 또 아내가 내게 마음 속 두려움을 털어놓으려 할 때마다 화제를 다른 곳으로 돌렸다. 하지만 이것은 오히려 둘 사이에 엄청난 긴장감을 초래했다. 아내에게는 마음을 털어놓고 두려움을 같이 나눌 사람이 필요했던 것이다. 아내는 내가 필요했다.
  내가 마침내 아내와 나 사이에 벽 쌓기를 멈추었을 때, 해결의 실마리가 보이기 시작했다. 나는 나의 아픔과 상처를 인정할 수 있어야 했다. 자꾸 껍질 속으로 움츠려들다가는 결혼 생활이 파국으로 치달을지도 모를 일이었다. 나는 고통과 싸움이 우리를 더 가깝게 묶어주는 결과를 가져올 수도 있다는 것을 깨달았다. 자신의 감정을 내면에 가두어두고 드러내지 않는 부부는 서로 상대방의 생각을 추측만 하다가 멀어지고 만다.

사실 이런 문제의 대부분은 감정을 다루는 사소한 방식에서 시작된다. 어떤 날은 한바탕 웃고 넘어가다가도 다음날은 동일한 문제 때문에 부부가 파탄에 이르기도 하는 것이다. 하지만 우리가 그저 평범하고 연약한 사람일 뿐이라는 것, 지금은 문제를 감당하기 벅차지만 그것이 당연하다는 사실을 받아들일 때 우리는 놀라운 평안을 발견하게 된다. 우리가 이것을 할 수 있다면 더 이상 우리 감정을 부정하거나 억누를 필요가 없다. 울고 싶으면 그냥 울면 된다.

일단 우리 부부가 이것을 인정하고, 각자가 가진 중압감이 상대방에게 반영되고 있는 것을 알게 되면서 우리는 서로 솔직하게 감정을 털어 놓을 수 있었다. 우리 부부는 서로를 붙들고 마음껏 울었다. 그러고 나서 이렇게 말할 수 있었다. "그래, 이젠 됐어. 자! 다시 힘을 내자."

이처럼 '고통을 함께 나누는 것'이 고통을 이겨내는 가장 좋은 방법이라는 것을 믿기 어려운 사람도 있을지 모르겠다. 하지만 나는 끔찍한 고통을 이겨내고 그 고통을 헤쳐나간 뒤에 훨씬 강한 모습으로 변한 사람을 많이 보아왔다.

나는 그런 사람들을 보면서 고통을 부정적으로만 봐서는 안 된다는 생각을 강하게 가지게 되었다. 오히려 고통은 우리를 구원으로 이끄는 기회—우리를 정화하고 새롭게 하는 계기—가 될 수 있다. 작가 자신이 고난에 익숙했던 도스토예프스키는 《죄와 벌》에서 한 단계 더 나아간다. "지금은 내 말을 믿지 않겠지만 언젠가는 알게 될 것이다. 고통은 위대하다는 사실을……."

고통을 경험해 본 사람만이 이런 식으로 말할 자격이 있기 때문에, 우리는 이런 말을 쉽게 다른 사람에게 할 것이 아니라 자기 자신에게 적용시켜야 할 것이다.

고통의 짐을 당당하게 짊어질 수 있는 힘을 가진 사람은 드물다. 몸과 마음이 완전히 망가지기까지는 아닐지라도 지쳐서 비틀거리는 것이 보통이다. 다음 이야기에서 우리는 도스토예프스키의 말이 진리라는 것을 확인할 수 있다.

❦ ❦ ❦

데브는 우리 공동체의 자매로 유복한 가정에서 자랐다. 어렸을 때부터 부모님과 함께 종종 해외여행을 하였고, 여름방학은 미국의 유명한 휴양지에서 보냈으며 일류 사립학교에서 공부를 했다. 데브는 대학을 졸업한 후 결혼을 했고, 곧 남편 찰스와 함께 캘리포니아에 있는 생활 협동 공동체에 자리를 잡았다. 삶의 깊은 목적을 찾던 두 사람은 우리 브루더호프 공동체를 만났고 평생회원이 되기로 결심했다.

데브가 마흔넷이 되었을 때 그녀에게는 손과 발이 마비되는 증상이 나타났다. 의학적으로 원인은 밝혀지지 않았다.

평소에는 불평을 해본 적이 없는 데브는 증세가 점점 악화되어 가는데도 여섯 아이를 키우면서 말없이 견디어냈다. 계속해서 기력도 약해져만 갔다.

아들 토미는 그 당시 엄마에 대해 이렇게 기억한다. "어머니는 더 이상 내 장화를 벗겨주지 못했고, 내가 지퍼를 올리는 것도 도와주지 못했어요." 가족 산책길이 더 짧아졌고, 데브는 똑바로 몸을 세울 수조차 없게 되었다. 우유 한 병을 들어 올리는 데도 양손을 다 사용해야 했다. 그러나 데브는 어머니로서의 역할을 다하겠다며 계속 고집을 부렸다.

그러나 종양이 목뒤에서 발견되었고, 그녀는 입원을 해야 했다. 응급 수술로 종양을 떼어내긴 했지만 수술 후에는 목 아래 전체가 마비되었다. 그녀의 온 몸이 마비되었기에 눈으로만 대화를 나눌 수 있었다. 목숨은 겨우 구했지만 몸은 완전히 죽은 것과 다름이 없었다.

하지만 데브는 꼭 몸을 다시 움직이겠다고 굳게 결심했다. 그래서 거의 매일 물리치료를 받았고 날마다 근육 사용 훈련을 했다. 이런 결심을 한 데에는 타고난 기질도 한몫 했다. 데브는 언제나 투지가 강했고 포기하는 법이 없었다. 그러나 가능한 빨리 기운을 회복해야 하는 또 다른 동기가 있었다. 데브에게 아기가 생겼던 것이다.

6개월 뒤 데브는 사내아이 마크를 낳았다. 산모의 건강이 좋지 않았는데도 아기는 기적처럼 모든 면에서 튼튼했고 건강했다. 마크의 출생은 두 사람에게 큰 기쁨을 안겨주었다. 마크는 짐이 아니라 새로운 기쁨과 마음의 힘이 되었다. 찰스와 데브는 그 선물을 통해 하나님의 사랑을 느꼈다. "하나님은 늘 우리 인간의 이해를 뛰어넘어 역사하십니다."

데브는 어려운 상황에서도 어떻게든 엄마 역할을 하고 싶어 했다. 너무 힘이 없어 아기를 조금도 안을 수 없었지만 베개를 받치고 기대어 젖병을 물릴 수는 있었다. 마크가 6주 되었을 때, 데브는 생활에 필요한 활동과 기술을 다시 배우기 위해 사회 복귀 프로그램에 참가했다. 걷기, 쓰기, 구두신기, 블라우스 단추 채우기, 머리 빗기, 달걀 깨기 등 너무 쉽고 기본적인 일들이 데브에게는 불가능한 것들이었다. 데브는 혼신을 다해 프로그램에 참가했다. 하지만 회복은 미미했다. 걷기도 어려웠고 글씨는 엉망이었으며 여전히 기력이 약했다.

그 뒤 몇 해 동안 데브는 굴하지 않고 명랑하고 즐겁게 육신의 장애와 맞서 싸웠다. 그녀는 아이들을 할 수 있는 만큼 직접 돌보길 고집했다. 그러나 그녀의 근력은 점점 약해져만 갔다. 두 번의 수술을 더 했지만 별 성과가 없었다. 데브는 마지막 5년 동안 안락의자를 벗어날 수 없었다. 몸에 전혀 힘이 없어서 머리와 팔의 무게도 가눌 수 없을 정도였다. 그러나 그런 상황에서도 데브에게 포기란 없었다. 비록 육체는 병으로 약했지만 정신과 영혼은 생기로 넘쳤다. 데브는 죽기

1주일 전까지도 하루 몇 시간씩 다른 자매와 함께 공동체 출판사에서 교정을 보았다.

그녀는 가족과 친밀한 공동체 식구들 속에서 많은 사람들이 누리지 못하고 있는 안정감과 위로를 맘껏 누렸다. 특히 오늘날에는 고독과 무관심, 가난 때문에 엄청난 수의 장애인과 노인들이 자신을 짐스럽게 여기고 있으며, 예전에는 상상도 못했던 '죽을 권리'라는 개념이 많은 말기 환자들에게 매력적인 소원이 되어버렸다.

하지만 주어진 환경 외에 그녀의 태도 또한 중요하다. 병에 굴하지 않는 쾌활함, 자기만큼 돌봄을 받지 못하고 있는 사람들에 대한 연민, 그리고 마지막으로 자신의 연약함을 인정하고 다른 사람의 도움을 받아들이는 겸손함이 바로 그것이다. 이런 태도들은 쉽게 얻어지지 않는다. 데브가 자신의 고통에 대해 어떤 태도를 가지고 있는지는 다음 대화에 잘 드러나 있다.

한 방문객이 이렇게 말했다. "예수님께 간구하세요. 당신을 다시 낫게 해주실 거예요."

그러자 데브는 이렇게 대답했다. "저도 알고 있습니다. 하지만 예수님은 저에게 그보다 훨씬 귀한 것을 주셨어요. 가족과 형제자매의 사랑이죠."

데브의 장례식에서 그녀의 신경외과 의사는 이제까지 수천 명의 환자를 돌봐왔지만, 데브를 돌보는 일은 특권이었다고 말했다. 의사는 데브를 돌보면서 마치 그리스도를 섬기는 것 같았다고 했다. 그리스도가 너무 생생하게 그녀 안에 살고 있기 때문이었다. 그것은 우리에게 주는 도전이기도 하다. 역경과 고통 가운데서도 그리스도처럼 되려는 것, 그 일은 결코 쉽지 않겠지만 우리에게 약속된 '보혜사 성령'(요한복음 15:26)께서 우리에게 능력을 주시고 마음에 깊은 평안을 가져다 주실 것이다.

13장
Faith 믿음

　에드는 독신으로 남부 말씨를 쓰는 마음이 넓은 사람이었다. 그는 카나리아 새를 좋아했고 집에는 항상 새 소리가 가득했다. 조지아 운수 회사의 이사였던 그는 이미 오십을 넘긴 나이에 우리 공동체 식구가 되었다. 처음 우리 공동체를 방문했을 때 그는 매우 귀한 보물을 발견한 느낌이라며 감격했다. 겸손하고 자발적이었던 에드는 어린아이 같은 믿음을 가지고 있었다. 그의 믿음은 하나님의 선하심과 자비에 대한 확고한 신뢰에서 비롯된 것이었다.

　에드는 종교적인 행세를 하는 사람과는 거리가 멀었다. 그는 생각한 것을 가식 없이 말했고, 삶에 대한 자신의 논평을 때로는 익살스럽게, 때로는 진지하게 말하길 좋아했다. 에드는 결혼을 하지 않아 가족이 없었지만 사람을 좋아했고 그의 집은 언제나 십대 아이들로 왁자지껄했다. 에드는 아이들에게 선생이면서 동시에 친구이며 형제였다. 그는 결코 율

법적이지 않았다. 언제나 흔들림이 없었지만 동시에 우정과 즐거움을 느끼게 했다.

어느 날 저녁 늦은 시간에 세 명의 소년이 그의 방 창문 아래서 큰 소리로 노래를 부르고 있었다. 그 때 에드는 창 밖으로 머리를 불쑥 내밀더니 아이들에게 들어오라고 했다. "나를 위해 방 안에서 불러다오. 이제껏 들은 노래 중 가장 멋지구나!"

그는 겸손하여 쪽지나 편지를 쓰면 늘 '미천한 형제, 에드'라고 서명을 했다. 그리고 자신의 고마움을 표현할 기회를 놓치는 법이 없었다. 치료를 위해 의사가 올 때마다 힘껏 악수를 하거나, 꼭 껴안고 그의 눈을 쳐다보며 힘주어 "내 사랑하는 형제여, 정말 고맙네!"라고 말했다.

에드는 우리와 함께 지내는 내내 심장병으로 고생을 했고 언제라도 죽을 수 있다는 사실을 잘 알고 있었다. 그래서인지 믿음과 죽음에 관한 이야기를 자주 하곤 했다. 의사였던 나의 아들에게 자신은 하나님과 만날 일을 고대하고 있다고 말한 적이 있다.

"내 생각에 그건 두렵고 떨리는 일이겠지만, 하나님은 나를 잘 아시니까 나의 죄 많은 과거도 알고 계실 거야. 그리고 내가 그걸 후회하고 있다는 것도 알고 계시겠지."

에드는 자신의 죽음을 무슨 '대단한 일'로 만들기를 원치 않았다. 심지어 자신의 장례식이 즐거운 일이 되길 바란다고 젊은 십대 친구들에게 말했다. 그리고 자신의 관을 묘지로 나르면서 나무에 몇 번 세게 부딪혀 달라고 우스갯소리를 하기도 했다.

에드는 믿음과 선한 양심이 서로 떨어질 수 없다는 것을 알고 있었다. 그리고 죄의 고백과 용서의 능력을 믿었다. 어느 날 에드는 나를 자기 방으로 불러 마음에 담아두었던 몇 가지 일들을 이야기했다. 그가 이야기한 내용은 그다지 특별한 것은 아니었지만, 그에게는 짐이 되었던 것이었다.

이야기가 끝나고 나서 에드는 나에게 물었다. "내가 용서받을 수 있을까요?" 나는 그를 안심시켜 주었다. "에드, 예수님이 교회에 죄를 용서할 수 있는 권위를 주신 걸 알고 있지요? 예수의 이름으로 당연히 용서받았습니다." 그는 나를 껴안고는 그 일이 자기 삶에서 가장 놀라운 사건이라고 말했다. "이젠 전 기쁨으로 영원한 세계를 맞이할 수 있을 것 같습니다."

에드는 하나님과의 화해를 분명하게 확신하였고, 며칠 뒤 새벽 다섯 시에 자기 침대에서 숨을 거두었다. 그 뒤 그의 주머니에서 이런 내용의 쪽지가 발견되었다.

오후 7시 30분 혹은 40분 즈음, 저녁을 먹으려던 순간에 과거 하나님을 거스르고 죄를 지었던 일에 대하여 터질 것 같은 슬픔이 밀려왔다. 지금까지 이처럼 강한 느낌은 처음이다. 마치 내가 영원의 세계로 다가가고 있는 듯했다. 여기 우리 공동체 사람들도 그것을 경험할 수 있었으면……·.

에드의 장례식이 치러지는 동안 사람들은 일어나 그의 삶이 자신에게 어떤 영향을 끼쳤는지 말했다. 장례 예배 동안 이곳저곳에서 십대부터 노인에 이르기까지 많은 사람들이 일어났다. 하지만 그들의 말은 거의 동일했다. 에드의 정직함과 종교적인 말을 삼가는 태도 때문에 그의 믿음은 다른 어떤 사람보다 그들에게 큰 영향을 주었고, 사람들이 믿음을 발견하게 하는 징검다리가 되어 주었던 것이다.

※ ❦ ※

메릴은 살아온 배경이나 성격 면에서 에드와는 딴판이었다. 하지만 믿음에서 평안을 발견했다는 점에서는 에드와 똑같았다.

메릴은 브루더호프 공동체의 목사로 나와는 20년 넘게 사역을 같이 한 동료였다. 메릴의 신구약성서에 대한 해박한 지식 덕에 우리는 곧잘 생동감 넘치는 설교를 들을 수 있었다. 그 외에도 메릴은 합창단을 지휘했고, 고등학생들을 상담해 주었으며, 공동체를 여러 가지 일로 섬겼다.

1986년 봄 메릴에게 간과 췌장에 이상을 보여주는 가벼운 징후들이 나타났다. 그리고 속이 메스꺼워 심한 구토를 했다. 며칠 후 메릴은 췌장암이라는 진단을 받았다. 수술도, 방사선도, 화학요법도 다 소용이 없었다. 메릴은 믿음으로 그 사실을 받아들였고, 아내와 열두 자녀에게 용기를 주었다. "내가 무슨 말을 해줘야 할까? 우리가 이 사건을 겪기 전에 하나님은 미리 알고 계셨어. 이 사건을 계기로 우리 가족은 더 가까워질 거야."

다니엘이 사자 앞에 서 있던 것과 마찬가지로 메릴은 자신의 병 앞에 인간적으로 무기력하게 서 있었지만 끊임없이 하나님을 붙들었다. 그가 가진 것이라고는 믿음뿐이었다. 그것은 절대적인 믿음, 그리고 자신의 모든 욕망을 철저히 포기하는 믿음이었다. 그 당시 메릴이 쓴 글이다.

나의 미래는 불확실하다. 그래도 내가 기쁨을 누릴 수 있는 것은 나의 미래가 하나님의 손에 달려있음을 알기 때문이다. 내가 할 수 있는 일이라고는 그분께 감사하는 것뿐이다. 내가 더 오래 살지 못하더라도 그것은 하나님의 뜻이며 거기에는 어떤 의미가 담겨 있을 것이다. 내가 할 일은 그 의미를 찾는 것이다.

불평할 일도 없고 그저 하나님께 감사할 뿐이다. 만약 하나님이 내게 다시 새롭게 출발할 기회를 주신다면 그것 또한 너무 멋진 일이다. 그러나 그렇게 하시지 않는 것이 그분의 뜻이고, 나에게 다른 임무를 주신다면 나는 그것을 받아들일 것이다.

 믿음은 내 방식대로 하는 것이 아니다. 믿음은 하나님의 방식대로 이끄시면 그대로 따르는 것이다. 이것이 나의 최고의 기쁨이며 즐거움이어야 한다. 그렇지 않다면 어떻게 "뜻이 땅에서도 이루어지리이다."라고 기도할 수 있겠는가?

친구들이 그에게 멕시코에서 할 수 있는 자연 치료법을 설명하는 책자를 보냈지만, 메릴의 답장에서 보아 알 수 있듯이 그의 우선순위는 매우 달랐다.

어떻게 해야 할 것인가를 놓고 가족들과 의논했습니다. 그 요법의 진위 여부나 효능을 의심하지 않았습니다. 그러나 그와 상관없이 그 방법을 따르지 않기로 결정했습니다. 이유는 이렇습니다.
 브루더호프 공동체에서 우리는 충만한 삶을 살고 있습니다. 우리 삶의 중심은 오직 예수님입니다. 즉 평생 회개하며 예수님의 뜻을 따르려고 애쓰는 것에 우리 삶의 초점이 있습니다. 어리석은지 몰라도 자기중심적으로 나의 삶에 연연해 생명을 연장시키려고 식이요법을 하느니 차라리 8개월, 아니 단 6개월이라도 지금처럼 살아가려고 합니다.
 나의 결정이 여러분에게 어리석은 짓처럼 보일 수 있지만 그것은 변하거나 흔들리지 않을 것입니다. 나는 기쁨으로 내 자신을 하나님의 자비에 맡기었고 내 몸에서 그분의 뜻을 이루심을 찬양할 것입니다. 설령 그것이 육신의 죽음을 뜻하더라도 말입니다. 이것이 지금 내가 할 일이며 증거입니다.

메릴은 꼬박 1년을 더 살았다. 그는 시한부 인생을 사는 사람들과는 달리 자신의 죽음에 대해 말하지 않았다. 자신의 죽음에 그다지 큰 무게를 두고 싶어 하지 않았다. 그는 드러내놓고 죽음을 준비하지도 않았다.

메릴은 브루더호프 안과 밖에서 쉬지 않고 사람들의 마음에 깊이 다가가려고 노력했다. 그리고 적지 않은 시간을 자녀들과 손자들, 그리고 젊은이들과 함께 보냈다. 그들과 상담했고 노래를 불렀으며 뮤지컬 연출도 했다. 고통이 갈수록 심해졌지만 공동체 식구들을 몸소 방문했다. 그리고 모임과 세례식과 결혼식을 맡았다. 메릴은 그 때문에 녹초가 되는 경우도 많았다.

메릴은 고통을 특권이라고 느꼈기에 가장 어려운 순간들을 담담하게 우스갯소리를 하며 맞을 수 있었다. 그리고 자신의 병을 아무렇지 않게 여기기라도 하듯이, 의학적으로는 이해될 수 없는 일들을 하기도 했다. 우리 모두 잊을 수 없는 사건은 메릴이 죽기 바로 전에 멘델스존의 엘리야를 지휘한 일이다. 메릴은 그 곡에 혼신을 불어넣었고 독창을 부르기까지 했다. 메릴이 죽기 몇 달 전에 암으로 죽어가고 있는 독일에 사는 친구에게 쓴 편지다.

당신의 마음을 이해할 수 있을 것 같습니다. 저도 의사들이 희망이 거의 없다고 보는 상황에 있기 때문이지요. 하지만 모든 것은 전능자의 손, 하나님의 손 안에 있습니다. 저는 지금 너무 기쁩니다. 지금보다 더 좋을 수는 없을 것 같습니다.

사실 우리가 알듯이 병이 세상에 온 것은 오로지 죄 때문입니다. 죄는 우리가 상상할 수 없을 정도로 하나님에게 짐을 지우고 그분을 슬프게 만듭니다. 예수님이 고통을 당한 것은 다 죄 때문이고, 그런 면에서 당신과 나는 예수님과 함께 고통을 받는 특권을 누리고 있는 셈입니다. 우리가 그런 특권을 잊지 않고 오직 하나님만을 영화롭게 하길 소망합니다. 그리고 하나님이 우리를 이 세상에서 좀 더 오래 살게 하신다면 그 삶을 그분의 놀라운 뜻을 이루는 데에만 사용하길 소망합니다. 어떤 경우에든 사랑과 감사와 찬양을 하나님께 드립시다.

❈ ❈ ❈

질병에 대항하여 믿음을 무기로 싸운다는 생각을 도무지 이해하지 못하는 사람들이 많이 있다. 아무리 많은 사람들이 그렇게 생각한다 해도 하나님의 능력은 변함이 없으시다. 그러나 우리에게는 생각해 볼 과제가 있다. 만약 죽음에 임박해서도 구원이나 죽음 이후의 삶에 대해 믿음이 없거나, 하나님을 만날 준비를 할 필요성을 못 느끼는 사람이 있을 경우에 우리는 어떻게 해야 하는가? 내 친구의 아버지처럼 '영생'이란 단어만큼 자기를 진저리나게 하는 것도 없다며 믿음의 무익함에 대해 투덜거리는 80세의 불가지론자는 어떻게 해야 하는가?

이런 문제를 가지고 토론하는 것은 별 유익이 없다. '종교적'인 문제는 사람들을 하나로 뭉치게도 하지만 갈라놓기도 한다. 죽어가는 사람에게 우리 생각을 설득시키려고 애쓰는 것보다는 연민과 사랑으로 품는 것이 훨씬 중요하다. 다른 것은 제쳐놓더라도, 누군가 믿음을 잃었건 아니면 애당초 믿음이 없는 사람일지라도 우리가 그를 위해 중보기도하지 못할 어떤 이유도 없다. 저술가 브루스 에펄리Bruce Epperly는 이렇게 적고 있다.

흔히 우리를 지탱하던 독립심과 자신감이 산산이 무너져 버릴 때, 우리는 다른 사람이 우리 짐과 책임을 짊어지게끔 허락해야만 한다. 어떤 경우는 하나님에 대한 우리 신앙을 위해서 다른 사람의 관대함과 헌신에 의지해야만 할 때도 있다. …… 복음서에 지붕을 뜯고 내려오는 중풍병자 이야기를 보면 중풍병자 당사자의 믿음에 대해서는 아무런 언급도 없다. 또 그가 예수님을 만나기 위해 다른 사람의 힘을 의존했다는 사실말고는 그 병의 자세한 증상에 대해서조차 아무 말도 하지 않는다. 하지만 우리는 여기서 그 중풍병자를 치료하게 하는 촉매제 역할을 한 친구들의 커다란 믿음을 보게 된다.

우리 아버지는 누군가 가까운 사람에게 믿음과 소망이 부족하다면 그를 위해 우리가 믿음과 소망을 대신 가져야 한다고 자주 말씀하셨다. 아무리 신앙이 좋은 사람일지라도 예외 없이 영적 메마름의 시기를 한 번은 거치게 된다. 오늘 아무리 신앙이 견고하다고 느끼더라도 내일 유혹이나 시험에 빠지지 않을 거라는 보장 역시 할 수 없다.

믿음은 원하기만 하면 은행에서 인출할 수 있는 신탁예금과는 다르다. 믿음은 미끄러운 잔처럼 놓치기 쉽기 때문에 늘 되풀이해서 추구해야 한다. 특히 병에 걸리거나 죽음을 눈앞에 두고 미래에 대한 불안, 이별, 상실, 비통함으로 인해 피할 수 없는 유혹이 몰려 올 때 우리는 다시 한 번 믿음을 구할 필요가 있다.

이런 어려움이 찾아오더라도 낙심하거나 의기소침해선 안 된다. 내 경험을 두고 볼 때 믿음의 싸움은 삶의 의미를 발견하는 기회가 되며, 믿음을 더 열심히 구할수록 더 많이 얻게 된다. 믿음이 없다면 우리의 존재는 공허해지고 그 빈자리를 천박함과 속물근성, 권태, 절망이 파고 들어온다. 하지만 믿음만 있다면 날마다 새 힘을 발견할 수 있다.

틀에 박힌 교회 생활에 익숙해진 사람에게는 믿음이 단지 의무나 전통에 대한 순응이 아닌, 절대적인 생명력이 될 수 있다는 생각이 그리 설득력 있게 다가오지 않을지도 모르겠다. 하지만 그것을 직접 경험한 사람에게는 너무도 분명한 현실로 다가온다.

영국의 유명한 TV 해설가이자 불가지론자였던 말콤 머거리지는 평생 믿음을 찾느라 몸부림쳤다. 아프리카에서 기자로 근무하던 시절 어느 날 밤, 그는 믿음을 찾지 못한 절망감에 사로잡혀 죽을 생각으로 바다로 뛰어들었다. 그런데 마지막 순간에 뭔가가 그를 잡아당기는 것을 느꼈다. 그리고 기이하게도 그 깊은 바다 속에서 새로운 목적의식과 살고 싶다는 욕구가 샘솟는 것이었다. 그는 후에 이렇게 술회했다.

세상의 모든 희망을 다 따라가 봤지만 결국 아무런 해답도 발견하지 못한 바로 그 때, 그리고 이 세상이 주는 도덕적이고 물질적인 모든 유산을 의지해 보고 누려봤지만 아무 소용이 없었을 때 …… 점점 짙어지는 어둠 속에서 희미하게 깜박이던 불빛마저도 완전히 꺼져버렸을 때, 바로 그 때 그리스도의 강하고 안전한 손이 내게 다가왔다.

퇴직 교사였던 캐슬린도 죽음에 임박해서 믿음을 통해 힘을 발견했다. 몇 주 동안 계속되는 극심한 가슴 통증과 호흡 곤란으로 그녀의 생명은 점점 꺼져가고 있었다. 그것을 바라보는 가족들의 마음은 갈기갈기 찢어지는 것 같았다. 하지만 캐슬린은 차분했고, 그리스도는 우리가 감당치 못할 짐을 지우시지 않는다며 오히려 가족들을 위로했다. "그분은 분명히 약속하셨어." 그녀는 확신하고 있었다.

캐슬린과 마찬가지로 우리도 믿음을 죽음 이후의 더 나은 세상에 대한 소망으로만 제한해선 안 된다. 믿음은 그 이상의 것을 줄 수 있다. 믿음은 이 세상에 대한 우리의 시각을 변화시킴으로써 우리를 절망에서 용기로, 포기에서 결단으로 인도할 수 있다. 하지만 이 일은 우리 자신이 그것을 허락할 때만 일어날 수 있다.

메노나이트 학자인 클라렌스 바우만Clarence Bauman은 믿음에 대해 이렇게 말했다. "믿음이라는 것이 오래된 찬송가를 습관처럼 부르고, 죄악이 가득한 이 세상 대신 그 너머에 계시되어 있는 축복에 대한 소망만을 견고하게 하는 문제라면 그 믿음은 무익하다".

믿음이 우리로 하여금 삶의 충만함을 위해 더욱 더 과감하게 자신을 내던지게 만든다면, 여기 이 세상—하나님이 창조하시고 사랑하시고 예수님이 그것을 위해 사시고 죽으셨던 현재 세상—에서 기쁨과 승리의 가능성을 향하는 새로운 문이 열릴 것이다.

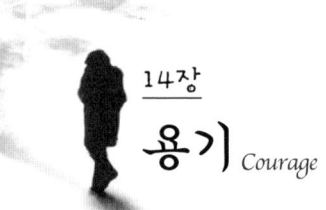

14장
용기 *Courage*

어렸을 적에 나는 1800년 전에 화형 당한 초대 기독교 순교자 폴리캅Polycarp의 이야기에 매료된 적이 있었다. 그의 이야기는 한 편의 영화처럼 흥미진진했다. 피로 물든 로마 원형 경기장, 검투사들과 기독교인들, 포효하는 사자들, 그리고 환호하는 관중 등······. 가장 나를 감동시킨 부분은 신앙을 위해 죽음을 택한 폴리캅의 담대함이었다. 그는 힘없이 죽음의 자리에 끌려가지 않았다. 사람들의 증언에 따르면, 그의 태도는 당당했고 심지어 처형장에 모인 구경꾼들을 심하게 꾸짖기까지 했다고 한다. 그에게서는 조금의 두려움도 보이지 않았다.

86년 동안 나는 그분을 섬겨왔다. 그리고 그분은 한 번도 나에게 해를 끼친 적이 없다. 그런데 어떻게 나의 왕이시며 구세주이신 그분을 모독할 수 있겠는가? 당신들이 몇 시간 타다 꺼져 버릴 불로 나를 위협하는 것은 경건치 않은 자에게 닥칠 영원한 처벌과 심판의 불을 모르기 때문이다. 뭘 주저하는가? 무엇이든 당신네들 하고 싶은 대로 하라!

폴리캅은 이렇게 말하면서 용기와 기쁨으로 충만했다. 그는 위협에도 전혀 당황하지 않았고, 그런 행동에 총독은 몹시 충격을 받았다. 그리고는 사람들이 달려와 통나무와 나뭇가지들을 폴리캅 주위에 가득 쌓았다. 그들이 폴리캅을 기둥에 묶으려고 하자, 그는 "나를 그냥 두시오. 불에 견딜 수 있는 힘을 주신 분이 기둥에서 떨어지지 않도록 힘을 주실 것이오."라며 못 박히기를 거부했다.

수천 명의 초대 그리스도인들이 폴리캅처럼 신앙 때문에 죽임을 당했을 것이다. 하지만 그들은 두려움을 모르는 사람들이었다. 나는 그들에게서 배울 것이 많다고 확신한다. 우리는 그들처럼 용기와 확신을 가지고 죽음을 맞이할 수 있을까? 아니면 겁을 집어먹고 뒷걸음치며, 지난 실수를 후회만 하며 살 것인가?

순교라는 것은 기본적으로 역사적인 상황과 결부되어 있기 때문에 이런 질문들이 요즘에는 별로 절실하게 다가오지 않을 것이다. 하지만 용기는 시대를 막론하고 변하지 않는 덕목이다. 용기는 가장 중요한 인생의 무기인 것이다. 그리고 우리가 반드시 마주칠 죽음이라는 경기장을 통과하기 위해서는 용기가 절대적으로 필요하다.

  이 책에 나오는 사람들이 보여주는 여러 자질 중에서 용기가 가장 눈에 띄는 것도 그 때문이다. 고통을 이기는 용기, 공허감과 상실감을 넘어서는 용기, 미래를 직면하는 용기, 죽음에 임하는 용기가 없었다면 그들 누구도 두려움을 극복하고 평안을 발견하지 못했을 것이다.

  용기는 삶의 전성기뿐만이 아니라 마지막 순간에도 동일하게 중요하다. 인생의 마지막 순간에 실제로 용기를 내기 위해서는 지금부터 하루하루 용기를 키워나가야 한다. 그리고 우리 안에서 용기를 발견할 수 없다면 우리 주위를 둘러보는 것도 좋다.

❀ ✿ ❀

  내가 살고 있는 뉴욕 주에서는 2001년 9.11 테러가 난 지 몇 개월이 지났는데도, 당시 자기 몸을 돌보지 않고 사람을 구했던 경찰관, 소방관, 구조대원들의 영웅적인 행동이 계속해서 밝혀지고 있다. 또 라모나같이 평범한 사람의 이야기도 있다. 지금까지 주변 사람들 외에는 알려지지 않고 숨겨져 있었던 그의 이야기를 듣고 나는 큰 감동을 받았다.

  임신 5개월의 라모나는 미래에 대한 부푼 꿈으로 가득 차 있었다. 하지만 정기검진 결과는 그녀의 꿈을 산산이 부숴버렸고 인생을 완전히 바꿔놓았다.

금요일이었어요. 남편 베리는 직장에 있었기 때문에 혼자 병원에 갔습니다. 의사는 초음파 검사를 마치고는 저에게 의자에 앉기를 권했어요. 저는 의사가 해줄 말에 대해 아무런 준비도 되어 있지 않았어요. 의사는 아기가 무뇌증無腦症이라고 말했습니다. 그 말은 아기에게 뇌가 없다는 말이었어요. 아기의 뇌 윗부분이 심하게 움푹 들어갈 것인데, 자궁에 있는 동안은 아무 지장이 없지만 태어나도 48시간을 넘기지 못할 거라고 했습니다.

저는 충격에 온 몸이 마비되는 것 같았습니다. 저는 이미 두 번의 유산 경험이 있었어요. 하지만 두 번 다 임신 초기여서 아기의 형체는 알아볼 수 없었습니다. 하지만 이번엔 달랐습니다. 초음파로 보이는 아기는 모든 기관을 갖춘 진짜 아기였어요.

저는 집으로 돌아오는 내내 울었습니다. 구약에서 하나님이 아브라함에게 아들인 이삭을 희생 제물로 바치라고 명하는 이야기가 떠올랐습니다. 저는 아기를 죽일 필요는 없었지만, 아기를 떠나 보내주어야 했고 하나님께 드려야 했던 것입니다.

그 때처럼 제 인생에서 힘든 때도 없었습니다. 내게 왜 이런 일이 일어나야 하는지 끊임없이 물었죠. 하나님이 제게 보내주신 아이마다 제가 얼마나 기대하고 사랑했는지 하나님은 아실 것입니다. 그런데 왜 그분은 제게 이런 일을 허락하시는 거죠?

시간이 지나면서 라모나는 비록 자신이 왜 이런 힘겨운 짐을 져야만 하는지 이해할 수는 없었지만 받아들이기로 했고, 아기를 낳기로 마음먹었다. 그렇게 결정한 이유는 '하나님이 주신 생명의 선물에 대한 경외심'의 문제라고 판단했기 때문이다.

일단 결심을 하긴 했지만 주위의 반대도 만만치 않았다. 의사는 아직 태아가 24주가 되지 않았기 때문에 낙태가 합법적이라며 시술을 권했다. 친구와 가족들, 심지어 그녀가 다니던 교회 사람들도 그녀를 지지해 주지 않았다.

하지만 라모나는 흔들리지 않았다. "저는 낙태를 하나의 선택으로 생각해본 적이 한 번도 없습니다. 제 결정에 당혹스러워 하는 담당 의사나 다른 사람들에게 설명했듯이, 제 아기는 비록 건강하지는 않지만 하나님이 데려가실 때까지는 생명이 있는 것입니다. 저는 끝까지 아이를 돌볼 것입니다."

실제로 라모나에게는 자신의 결심을 지키기 위해 엄청난 용기와 기도가 필요했다. 그녀가 지치고 약해질 때마다 다시금 일어서게 한 것은 뱃속의 아기였다. "아기가 몸 안에서 움직이는 걸 느낄 수 있었어요. 그리고 아기가 발로 찰 때마다 제게 기도하라는 뜻으로 받아들였습니다."

무엇을 위해 기도하느냐는 질문에 자신의 마음의 평안을 위해서 기도한다고 했다. 그리고 자신의 결단이 낙태를 선천성 기형에 대한 최선의 선택이라고 믿는 사람들에게 작은 도전과 자극이 되길 기도한다고 했다.

그녀의 이런 소망은 이루어졌다. 12월 병원 검진을 마치고 나오는데 의사가 말했다. "당신이 가지고 있는 생명의 존엄성을 진심으로 높이 평가하게 되었습니다."

2001년 2월 4일 라모나는 이사야를 낳았다.

갑작스레 찾아온 진통은 몹시도 모질고 잔인했습니다. 고통으로 의식이 희미해지는 와중에서도 아기는 제 뱃속에 있는 한 안전할 것이라는 생각이 한 가닥 위안이 되어 주었습니다. 고통이 계속되면서 저는 울음을 터트리고 말았습니다. 하지만 한 쪽 벽에 걸린 십자가의 예수님 모습을 바라보면서 진통이 계속되던 몇 시간 내내 주님께 제 곁에 계셔 달라고 매달렸습니다.

생사를 오가던 진통 속에서 마침내 아기가 태어나자 갑자기 이런 저런 감정이 한꺼번에 몰려왔습니다. 뭐라 표현할 수 없는 기쁨과 동시에 그 깊이를 알 수 없는 슬픔이 가슴을 저며 왔습니다.

이사야는 다른 아기들과는 생김새부터가 달라 보였습니다. 의사의 말대로 아기의 뇌 윗부분이 아예 없었고 눈은 움푹 들어가 있었습니다. 하지만 아기는 살아있었습니다. 새근새근 숨도 쉬었고 손발도 움직였습니다. 어떻게 보면 건강해 보이기까지 했습니다.

나이가 어린 아이들은 자기 동생이 특이하다고 생각지 않는 것 같았습니다. 하지만 열다섯 살 된 딸은 아기가 있는 방에 들어오길 머뭇거리더니 사촌과 함께 식당으로 달아나 버렸습니다. 저는 그 애가 겉으로는 드러내지 않았지만 속으로는 무척 힘들어 하고 있다는 것을 알고 있었습니다. 이사야가 죽었을 때 그 애는 아기를 안고 울음을 터뜨렸습니다. "엄마, 아기가 살아있었을 때 안아줬어야 했는데······."

병원 의사가 이사야에게 해 줄 수 있는 것은 아무것도 없었다. 그래서 라모나는 아기를 집으로 데려왔다. 그리고 그날 밤, 아기는 하나님 곁으로 갔다.

이사야는 제가 사 놓은 조그만 침대에 한번 누워보지도 못했어요. 차에서 내린 뒤 줄곧 안고 있었으니까요. 저녁 7시 30분 경 아기를 안고 있던 바로 위의 형에게서 아이를 넘겨받아 소파에 뉘였는데, 갑자기 아기가 뻣뻣해지더니 얼굴이 자줏빛으로 변하는 것이었습니다. 의사에게서 이런 증상이 나타나리라고 미리 들었음에도 불구하고 저는 정신이 나간 사람처럼 허둥댔습니다.

저는 아기를 남편에게 맡기고는 미친 듯이 호스피스 사무실 연락처를 뒤져 전화를 걸었습니다. 하지만 상대편은 내가 누군지 또 무슨 소리를 하는지 어리둥절해 할 뿐이었습니다.

이번에는 아기를 치료하던 병원에 연락해서 담당 간호사를 찾았습니다. 그들은 전화를 받자마자 달려왔습니다. 하지만 그들이 도착했을 때 아기는 이미 숨을 거둔 뒤였습니다.

불과 20분 동안에 벌어진 일이었습니다. 아기는 죽기 직전 마치 한숨을 쉬듯이 간격을 두고 일곱 번 길게 숨을 내쉬더니 아무런 움직임이 없었습니다. 저는 아기 코에 귀를 대보았지만 아무것도 느낄 수 없었습니다. 저는 사람이 죽는 것을 본 경험이 전혀 없었습니다. 그런데 제 눈 앞에서 제 아들이 죽은 겁니다. 저는 영원히 그 순간을 잊을 수 없을 거예요.

이사야의 증상에 대해 처음 들었을 때 하나님께 화가 났었느냐는 질문에 라모나는 놀라는 표정을 지었습니다.

아니요. 아니, 맞아요. 적어도 처음에는 화가 났었어요. 제가 아는 캐서린이란 간호사는 저에게 예수님이 나의 친구이시며 친구끼리는 서로 화도 내고 그러는 거니까 그분께 모든 것, 특히 화나는 것과 의심나는 것을 이야기하라고 하더군요. 그러면서 예수님이 내게 허락하신 일은 무조건 좋은 일이라고 스스로에게 강요하지 말라고 말했습니다.

그 뒤 저는 곰곰이 생각해 봤죠. 그리고 자신에게 말했어요. '어떻게 내가 하나님께 화를 낼 수 있단 말인가? 그분은 온 우주의 창조주가 아니신가? 그리고 내가 도대체 무엇이기

에…….'

라모나는 이사야를 낳기로 한 결정을 후회하기는커녕, 그것이 자신에게는 특권이었다고 고백했다. "저는 이 모든 일을 통해 하나님이 나를 사용하셔서 모든 생명의 고귀함을 알리길 원하신다는 생각을 하게 되었습니다."

모든 용기 있는 행동은 영감이건 연쇄반응을 통해서건 또 다른 용기 있는 행동을 낳는 힘이 있다. 라모나의 경우도 그랬다. 이사야가 죽은 뒤, 병원에서 그녀에게 아이를 잃고 비탄에 빠져있는 엄마들을 상담하는 일을 도와달라고 부탁해 온 것이다.

※ ❀ ※

나의 사촌인 앤도 상황은 완전히 달랐지만 동일한 용기를 보여 주었다. 앤은 중동에서 벌어지는 끊임없는 갈등에 언제나 마음 아파했다. 그리고 신문에서 그곳 상황에 대한 기사를 읽는 것 외에 뭔가 직접 할 수 있는 일이 있기를 기도했다. 그리고 마침내 한 구호단체가 웨스트 뱅크West Bank에 구호 팀을 보낼 때 자원봉사자로 지원해서 베들레헴으로 가게 되었다.

앤은 자신이 지금 극도로 위험한 곳에 간다는 것을 잘 알고 있었다. 현재 그 지역에서 일어나고 있는 두 세력 사이의 긴장상황을 고려해 볼 때, 움직이는 것은 무엇이건 총격의 목표가 될 수 있었다. 하지만 목숨을 부지하느라 집안에만 틀어박혀 있을 거라면 베들레헴에 굳이 갈 이유가 없지 않은가?

앤이 맡은 일은 장애 여성들과 아이들을 돌보는 일이었다. 그녀는 새로운 일에 어느 정도 적응이 되자 베들레헴 인근 지역을 돌아다니며 양쪽 사람들을 직접 만나 그들의 생각을 듣기 시작했다.

전투 지역에서 살아가는 것은 극도의 긴장과 위험이 따른다. 앤은 총격전이 벌어지는 광경을 직접 목격하기도 했고 헬리콥터가 공격하는 장면도 보았다. 또 부상으로 사경을 헤매는 사람을 간호하기도 했으며 전쟁이 끝나리라는 희망을 완전히 포기한 채 체념하며 살아가는 사람도 만나봤다.

하지만 쾌활함과 힘과 소망이 완전히 사라진 것은 아니었다. 이런 상황에도 사랑과 나눔의 삶을 살아가는 사람들도 있었다. 생판 모르는 사람에게 커피를 건네주는 사람, 외국인에게 식사를 같이 하자며 손짓하는 사람들도 있었다.

앤은 유대인 거주 지역과 팔레스타인 마을 중간에서 46시간 퍼붓는 포화 속에서 살아나오기도 했다. 또 한 번은 이스라엘 탱크가 그녀가 사는 집 바로 옆까지 들이닥치기도 했다.

여기 상황은 정말이지 감당하기 힘들 정도입니다. 다들 미친 것 같습니다. 누가 누구에게 총을 쏘고 있는지도 모른답니다. 우리 집 창문 바로 옆에 있는 올리브 나무들 한가운데로 총알이 수없이 날아다닙니다. 지난 밤에는 빠르게 바람을 가르는 소리가 들리더니 헤브론 거리 쪽에서 땅을 흔드는 폭발이 있었습니다. 심장이 두근거리며 신경을 곤두세우고 있는데, 조금 있더니 귀청이 찢어질 듯이 폭탄들이 날아가는 소리가 들렸습니다.

밖을 내다 봤더니 베이트얄라에 있는 이스라엘 탱크에서 붉은 공 같은 게 수없이 솟아올라 엄청난 굉음을 내며 이쪽으로 날아오고 있었습니다. 그 중 하나는 우리 집에서 바로 세 집 건너편에 떨어졌습니다.

저는 전투가 계속되는 중에도 밤새 잘 잤습니다. 여러분의 기도 덕입니다. 제가 돌보는 한 할머니는 이런 일 때문에 급할 때 병원에 가지 못할까 봐 무척 마음을 졸이고 계십니다. 할머니는 3주 전에 큰 수술을 받으셨는데 항생제와 진통제가 이미 10일 전에 떨어진 상태입니다.

앤의 안전이 걱정되어 나는 전자우편으로 안부를 물었다. 앤의 답장은 의외였다. "설명할 수는 없지만 저는 행복하고 너무 평안합니다. 하나님이 우리 기도를 들으시고 그분의 뜻을 이루실 것을 진심으로 믿습니다. 그 믿음으로 저는 이곳에서 계속 살아갈 힘을 발견합니다. 저에게 어떤 불상사가 일어날지도 모릅니다. 하지만 저는 하나님이 저를 붙들고 계심을 알고 있습니다. 그리고 저에게는 그것만이 전부입니다."

앤은 웨스트 뱅크에서 몇 개월을 보낸 후 휴식을 위해 잠깐 집으로 돌아왔다. 그녀는 예전의 앤이 아니었다. 소심하고 신경질적이던 모습은 온데간데 없고 여유 있고 푸근한 모습이었다. 예전에는 화초나 애완동물, 고전 음악 같은 취미생활 대상에 매여 살았는데 지금은 훨씬 광대한 꿈에 온 맘이 사로잡혀 있었다.

내가 물어보거나 언급도 하지 않았는데 앤은 스스럼없이 자신의 변화에 대해 설명해 주었다. 한때 마음이 무척 어려웠을 때 예루살렘에 있는 겟세마네 동산에 간 적이 있었는데, 그곳에서 그녀의 인생관을 송두리째 바꿔놓는 경험을 했다고 한다.

그 때 저는 몹시 지쳐 있었고 외로웠습니다. 그곳에 가면 조용히 생각을 정리할 수 있겠다 싶었습니다. 그런데 막상 그곳에 다다랐을 때 제 자신에 대한 상념들은 온데간데 없고 예수님에 대한 생각이 밀려오는 것이었어요. 제가 앉은 바로 그 자리에서 예수님이 당하신 고난이 피부로 느껴졌어요. 사람들에게 버림받고 기도하시던 그분의 모습이 떠올랐습니다. "제 뜻대로 마옵시고 당신 뜻대로 하옵소서." 그 때 저도 모르게 용기와 힘이 나더군요. 제 앞에 어떤 일이 닥치더라도 헤쳐 나갈 수 있겠다 싶었어요.

죽음이 주는 불안을 일기에 적으면서 레오 톨스토이Leo Tolstoy도 비슷한 이야기를 했다.

나는 정원 가꾸기를 좋아한다. 책 읽기도 좋아한다. 아이를 껴안는 것도 좋아한다. 죽으면 이 모든 것을 할 수 없게 될 것이다. 그래서 나는 죽고 싶지 않다. 나는 죽음이 두렵다. 사실 내 삶은 온통 이런 욕망으로 가득한 것 같다. 그렇기 때문에 그런 욕망을 채우지 못하게 하는 것들을 두려워하는 게 당연하다. 하지만 만약 그런 욕망들을 또 다른 욕망―하나님의 뜻을 행하고자 하는 욕망, 현재에서나 미래에서 내 자신을 하나님께 드리고 싶은 욕망―으로 바꿀 수 있다면, 나의 욕망이 더 커질수록 나는 죽음을 덜 두려워하게 될 것이다.

현재 앤은 저격수들이 가득하고 폭탄이 떨어지는 이스라엘 베들레헴에 있다. 거의 모든 외국인들은 이미 자국으로 철수한 상태다. 하지만 앤은 용감하게 남아있다. "날마다 주님의 보호하심을 간구합니다. 그리고 많은 사람들이 저를 위해 기도하는 것을 알고 있습니다. 그래서 저는 걱정하지 않습니다. 하나님이 그 모든 기도를 거절하지 않으실 테니까요."

15장
Healing 치유

1933년 튀빙겐 대학 학생이었던 하디 숙부는 같은 학교 학생이었던 에디스 숙모를 만나 사랑에 빠졌다. 두 사람은 1년 반 후에 결혼해서 알프스 고지에 있는 작은 공동체에 살림을 차렸다. 시를 좋아하고 역사와 문학을 좋아했던 두 분은 그야말로 천생연분이었고 숙모가 임신한 뒤에는 더없이 행복한 나날을 보냈다. 하지만 그런 기쁨은 오래가지 못했다.

아기를 출산하고 며칠이 안 되어 숙모는 산욕열 증상을 보였는데, 산욕열은 그 당시에 치명적인 병이었다. 금방 열이 숙모의 혈관을 타고 온몸으로 퍼져나갔다. 숙모의 몸은 고열에 시달렸고 맥박이 빨라지고 혈관에 염증이 생겨 온 몸이 부어올랐다. 숙모는 죽어 가고 있었고 회복될 가능성이 전혀 보이지 않았다.

하디 숙부는 숙모를 보낼 준비가 되어 있지 않았다. 그것은 숙부의 아버지인 나의 할아버지도 마찬가지였다. 숙모의 상태가 악화되어 갈 때, 할아버지는 모든 공동체 식구들을 불러모아 함께 숙모를 위해 기도했다. 할아버지는 야고보서 (5:14, 15) 말씀을 의지해 당신 자신은 아무것도 할 수 없지만 하나님은 모든 것을 하실 수 있으며, 죽을 병조차도 고치실 수 있다는 믿음으로 에디스 숙모 머리에 손을 얹고 기도하셨다.

기적처럼 숙모는 차츰 회복되기 시작했다. 의사는 숙모가 위험한 고비를 넘겼다고 진단하기까지 했다. 하지만 얼마 후 다시 열이 오르더니 병세가 악화되기 시작했다. 하루는 상태가 좋았다가도 다음날은 다시 심각해지는 증상이 반복됐다.

그 때 할아버지는 이상한 현상을 발견하셨다. 숙모의 의식이 몸 상태에 따라 동요하고, 회복의 정도가 가까이 있는 사람들의 영적 상태에 따라 오르락내리락 한다는 것이었다. 주위 사람들이 낙심하고 비관적일 때는 숙모도 같이 눈에 띄게 약해졌다. 하지만 사람들이 마음을 합쳐 기쁨과 단호한 태도로 숙모 곁에 있을 때는 숙모도 기력을 회복했다. 마치 숙모의 몸이 공동체 식구들의 마음 상태를 나타내주는 지표 같았다.

이 기묘한 현상에 자극 받은 사람들은 더욱 열심히 기도했다. 하지만 기도의 초점은 숙모의 육체적 회복이 아니었다. 사람들은 자신들의 눈이 열려 숙모가 치르는 싸움의 영적인 면을 이해하려 했고, 승리를 가로막는 모든 장애물—자신들의 인간적인 계획이나 의견을 포함해서—들을 발견해 제거하는 것에 초점을 두었다. 그리고 하나님이 그들 모두의 몸과 영혼을 다 치유하시기를 구했다. 나의 할아버지 에버하르트 아놀드는 그 때 일을 이렇게 술회하셨다.

"사람들이 스스로 병을 치료할 수 있다고 생각하는 한 성령님의 승리는 없다. 성령은 마술과는 아무런 상관이 없다. 성령은 치유하실 수 있다. 하지만 그러려면 거기에는 반드시 자기 의지와 주도권을 잡으려는 모든 인간적인 주장이 사라져야만 한다. 오직 그럴 때에만 성령은 병을 고치시고 악마를 쫓으시고 죽음을 이기실 수 있는 것이다."

숙모의 병과의 싸움도 이런 맥락에서 치러졌고, 몇 주 후 마침내 숙모는 싸움을 이기고 회복되셨다.

오랜 세월 후에 나의 부모님은 그 때 일을 회상하시면서, 숙모는 병과의 싸움을 더 큰 차원의 영적인 싸움, 빛과 어둠의 싸움, 생명과 사망의 싸움으로 여기셨다고 말씀하셨다. 숙모는 단지 자기 자신이나 자기 가족만을 위해 싸운 것이 아니었다. 숙모는 살고 싶어 하셨다. 하지만 승리가 기다리고 있다면 거기에는 자신의 회복 이상의 의미가 있다고 확신했다. 그것은 사람들이 한 마음과 한 목적으로 기도하면 하나님이 역사하신다는 생생한 증거였다.

❀ ❀ ❀

그로부터 60여 년 뒤 우리는 동일한 기도의 치유 능력을 체험했다. 1996년 2월이었다. 나의 조카가 결혼 3년 만에 첫 아기를 낳았다는 전화를 받고 나는 무척 기뻤다. 사이몬은 예쁘고 건강한 아기였다.

그런데 아기는 몇 시간도 안 되어 호흡곤란을 일으켰다. 즉시 산소를 공급했고 구급차를 불렀다. 병원으로 가는 중에 사이몬의 안색은 새파랗게 변해 갔고 숨을 쉴 때마다 거친 소리를 냈다. X선 사진을 찍은 결과, 폐가 둘 다 심하게 감염되어 있다는 것이 밝혀졌다. 심각한 상태였다. 의사는 아기가 살아나더라도 청력과 시력을 잃을 수도 있고 뇌에도 이상이 생길지 모른다고 말했다.

그 끔찍한 소식에 우리는 가슴이 무너지는 것 같았다. 우리는 의사의 말에 개의치 않고 하나님께 매달렸다. 하나님은 의사들이 모르는 것을 알고 계시지 않는가? 또 산소 공급기와 복잡한 전기선들, 주사바늘과 튜브에 둘러싸인 채 그 어린 아기도 살기 위해 싸우고 있지 않은가?

부모의 기도에도 불구하고 저녁이 되자 사이몬은 상태가 더 악화되었다. 폐에서 피가 흘러나와 수혈까지 해야 했다. 혈압도 떨어졌다. 도파민이란 강력한 약을 사용했지만 생사의 추가 어느 쪽으로 기울지 모르는 위급한 상태였다.

집에서도 또 하나의 지원세력이 사이몬의 싸움에 힘을 더

해 주었는데, 그것은 모르핀보다 훨씬 더 강력한 것이었다. 바로 집집마다 전화를 받고 잠에서 깨어난 형제와 자매들의 합심 기도였다. 사이몬의 부모와 몇몇 사람들이 병원에서 기도하는 동안 공동체 식구들은 다 같이 모여서 기도했다. 그렇게 그 어린 아기는 용감하게 싸움을 계속했다.

자정 즈음, 사이몬은 위험한 고비를 넘기고 있었다. 그리고 새벽 다섯 시가 되었을 때는 산소 호흡기를 떼어냈다. 밤새도록 사이몬의 곁을 떠나지 않았던 의사가 놀라서 입을 다물지 못했다. "오, 세상에! 당신들의 기도가 아기를 살렸군요! 그렇지 않고는 이 아기가 지금까지 살아있다는 걸 설명할 수 없소." 다른 의사는 퉁명스럽게 "이 아기는 죽었어야 했소."라고 말하며 못 믿겠다는 듯이 고개를 절레절레 흔들었다.

사이몬은 그 길고 끔찍한 위기의 밤을 넘긴 것에 그치지 않고, 그 뒤 며칠 동안 단 한 번의 위험한 순간도 없이 계속해서 상태가 호전되어 갔다. 사이몬은 얼마 되지 않아 퇴원을 했다. 그리고 몇 달 뒤 토실토실 살이 올랐고, 신경 기관에도 전혀 손상이 없게 회복되었다.

에디스 숙모와 마찬가지로 사이몬의 이야기 역시 기도의 능력을 증거하고 있다. 두 사람의 드라마틱한 이야기에도 불구하고 이런 일은 그리 특별한 것은 아니다. 사실상 그런 중보기도로 회복된 예는 오늘날 얼마든지 볼 수 있다. 기도와 치유에 대해 성경은 분명하게 말씀하고 있다.

> 구하라 그리하면 너희에게 주실 것이요 찾으라 그리하면 찾아낼 것이요 문을 두드리라 그리하면 너희에게 열릴 것이니 구하는 이마다 받을 것이요 찾는 이는 찾아낼 것이요 두드리는 이에게는 열릴 것이니라(마태복음 7:7~8).

이런 치유를 직접 경험해 보거나 다른 사람을 통해 간접 체험한 사람에게 이 예수님의 말씀은 불확실한 약속이 아니라 부인할 수 없는 현실이다. 하지만 그런 경험이 없는 이들에게 그 말씀은 좌절을 안겨 줄 수도 있다. 수없이 기도하고 부르짖었지만 부모나 자식이 결국 죽었을 때는 어떻게 받아들여야 하는가? 또 치유된 것처럼 보이다가도 나중에 죽음을 맞이하는 경우 (에디스 숙모도 그 죽을 고비를 넘기고 8년 뒤 급성 맹장염으로 돌아가셨다.) 또한 어떻게 설명해야 하는가?

이런 질문에 대해 나는 아직 완전한 해답을 찾지 못했지만 몇 가지 드는 생각은 있다. 하나는, 기적과 이적에 희망을 두는 것은 이미 실망을 포함하고 있다는 것이다. 낙천주의는 강력한 치료제가 될 수는 있다. 하지만 그것이 자연법칙과 하나님의 뜻을 거스르거나 되돌릴 수는 없는 것이다. 우리가 믿음으로 행할 때 기적이 일어나는 것은 분명하다. 하지만 거기에 따르는 문제점을 스웨덴의 사상가 해머숄드

Hammarskjjoeld가 예리하게 지적한 바 있다.

"기적적인 사건에 매달리다 보면 문제는 우리 소망을 그런 기적 위에다 두게 된다는 것이다. …… 그리고 그 결과 신앙의 확신까지 상실하고 만다."

더 나아가 우리 기도가 외적으로 볼 때 효과가 있었건 없었건 상관없이, 우리는 하나님께서 우리 기도를 들으신다는 것을 믿고 그분을 의지해야 한다.

또 한 가지 반드시 염두에 두어야 할 것은 대부분의 사람들이 기도 중에 습관적으로 하나님께 자신의 어려움과 바람들을 늘어놓는 것에만 치중하기 쉬운데, 그보다는 하나님이 우리에게 말씀하시도록 조용히 침묵하면서 그분의 뜻을 분별하는 것에 더 마음을 기울여야 한다는 것이다.

마지막으로, 하나님은 치유를 원하는 우리의 기도에 우리가 기대하는 식으로 응답하시지 않을 수도 있다는 사실을 알아야 한다. 또 우리가 하는 질문에도 우리가 바라는 식으로 대답하지 않으실 수도 있다. C. S. 루이스는 이렇게 말한 적이 있다.

하나님은 나의 어떤 질문에 대해선 아무 대답이 없으시다. 하지만 그것은 좀 다른 식의 '무응답'이다. 그윽한 눈길로 말없이 바라보시는 하나님의 모습에 가깝다. 대답하길 거부하시는 게 아니라, 아직 때가 이르다는 듯이 고개를 저으시면서 마치 이렇게 말씀하시는 듯하다. "애야, 너는 아직 이해할 수 없단다."

루이스는 계속해서 말한다.

인간이 하나님도 답할 수 없는 질문을 할 수 있을까? 물론 그렇다. 1킬로미터는 몇 시간일까? 노란색은 네모난가 둥근가? 아마도 우리가 묻는 질문의 절반—중대한 신학적이고 형이상학적인 의문들의 절반—은 이런 식일 것이다.

어떤 종류의 질병도 열심히 연구만 한다면 치료법을 발견할 수 있다고 믿는 요즘의 분위기를 고려해 볼 때, 이것은 심사숙고해 볼 만한 주제다. 예를 들어, 우리는 어떤 이유에서 치료가 질병보다 중요하다고 확신하는 것일까? 도대체 어디서부터 치료고 어디서부터 질병인가? 이 둘이 다른 게 아니고 하나일 수도 있지 않을까? 거만하고 자기만 아는 사람이 질병과 비극적인 일로 겸손해지고 애정 어린 사람으로 변했다면 그는 병이 걸린 것일까, 아니면 고침을 받은 것일까? 아마도 우리는 너무 편협한 시각으로 치유를 단지 육체적인 측면에서만 보는 것 같다.

건강함과 치유는 삶에서뿐만이 아니라 죽음에서도 발견될 수 있다는 생각은 평생을 충만하게 살고 떠날 채비를 다한 노인들의 모습을 볼 때 그리 받아들이기 힘든 일도 아니다.

자크라는 청년이 암에 걸리자 그가 다니던 교회 교인들은 하나님께 그를 고쳐달라고 간구했다. 자크는 대학병원에서 최고의 치료를 받고 몇 달 후에는 상태가 많이 호전되어, 그의 기도 후원자들의 기대를 한껏 부풀게 했다. 하지만 한 달 후에 갑자기 악화되기 시작하더니, 몇 주 못 되어 세상을 떠나고 말았다.

그가 죽기 바로 전에 나는 그와 대화를 나눈 적이 있었다. 그 때 나는 교인들의 열성적인 기도가 비록 진실어린 것이긴 했지만, 그와 가족들의 아픔을 실제적으로 덜어주진 못했을 뿐만 아니라 어떤 때는 가중시켰다는 느낌을 받았다.

사람들이 좋은 뜻으로 자크가 반드시 회복될 거라며 가족보다 더 확신을 가지고 이야기했지만, 가족은 현실적으로 그게 불가능하다는 것을 알고 있다면 어떻게 반응해야 한단 말인가? 그냥 그들의 말에 마지못해 동의하는 척, 속으로는 믿지 못하면서도 믿는 척 해야 하는가?

그 때 나는 무슨 말을 해야 할지 고민하다가 이런 말을 했던 것 같다. "자크, 어떤 상황이라도 받아들일 준비가 되어 있나요? 몸이 회복되는 경우만을 말하는 것이 아니라 죽을 준비도 되어 있느냐 하는 겁니다."

나는 자크가 지금 병이 낫고 건강해지는 문제로 골몰하는 것이 무의미하다는 것을 깨닫기 원했던 것 같다. 실제로 암이 너무 퍼져서 한 주 아니면 두 주밖에 살지 못할 게 확실했기에 이런저런 것에 시간을 낭비할 여유가 없었다.

그 일로 자크는 힘든 갈등의 시간을 보내야 했다. 하지만 자크는 자신에게 지금 필요한 일은 자신이 죽을 수도 있다는 사실을 외면하지 않는 것임을 깨달았다. 그리고 어떤 일이 닥치더라도 하나님의 뜻이라면 무조건 받아들이겠다고 마음을 먹었다. 그 뒤 자크의 상태는 계속해서 나빠졌다. 하지만 자크는 개의치 않았다. 죽어가고 있었음에도 아무런 저항 없이 그 사실을 받아들이고 있었다. 그리고 다소 역설적으로 들릴지 모르지만, 자크가 오랫동안 갈망했으나 발견할 수 없었던 치유를 경험하고 있었다.

자크는 내적으로 뚜렷한 변화를 경험하고 있었다. 점점 자기보다는 다른 사람에게 마음을 쓰기 시작한 것이다. 마음도 부드러워지고 속도 깊어졌다. 가장 눈에 띄는 것은 예전의 자신감에 넘치고 자기주장이 강하던 모습이 사라지고 어린아이 같은 순전함이 얼굴에 가득해진 것이다. 예수님도 "너희가 어린아이같이 되지 않으면 하나님 나라에 들어갈 수 없다."고 말씀하신 적이 있다.

이런 자크의 변화는 아무런 대가 없이 저절로 온 것은 아니다. 그가 그런 마음의 치유를 발견했다고 해서 이별이 쉬웠던 것도 아니다. 특히 그의 어머니에게 자식을 떠나보내는 일은 가슴이 무너지는 일이었다. "누군가 가까운 사람을 잃을 때, 특히 바로 눈 앞에서 떠나보내야 할 때 그 아픔은 말로 다 표현할 수 없습니다. 앞으로 어떻게 극복해 나갈지 모르겠습니다."

그럼에도 어머니는 "자크의 죽음은 패배가 아니야. 암 치료는 성공하지 못했지만 자크는 마음의 평화를 발견했고, 그런 의미에서 자크는 치유 받은 거야."라는 남편의 말에 고개를 끄덕였다.

그런 비통한 아픔에도 불구하고 두 사람에게도 치유라고 할 수 있는 게 일어났다. 후에 자크의 아버지는 이렇게 고백했다. "삶이란 게 좋을 때가 있고 나쁠 때가 있는 거죠. 어떤 날은 낙심하다가도 어떤 날은 일이 잘 풀리기도 합니다. 하지만 아들의 마지막 순간을 지켜보면서 제게도 변화가 일어났습니다. 우리는 죽음이 두려운 것만은 아니라는 것을 알게 되었답니다. 죽음은 최후의 적일는지는 모르지만 죽음이 마지막이 아니라는 것을 알게 되었습니다."

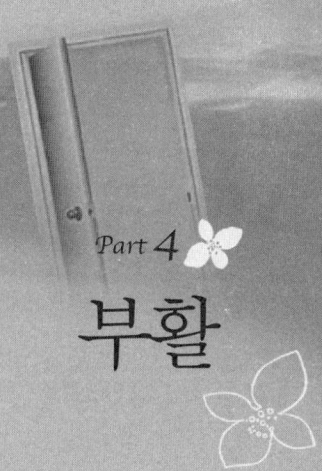

Part 4

부활

Be not Afraid

마치 봄이 오기 전에 겨울을 거치듯이,
태양이 찬연히 떠올라 밤의 어둠을 몰아내듯이,
새로운 생명의 승리 앞에는 고난의 고통이 와야 한다는 것을

16장

Caring 돌봄

    89세의 칼은 24시간 보살핌이 필요했다. 그는 20세기 초 독일에서 태어났고, 어렸을 때는 아버지에게 학대를 받았다. 결국 그는 집에서 도망쳐 나왔고, 성년이 되어서는 노동 운동가가 되었다. 1936년 국가 사회주의를 반대했다는 이유로 감옥에 갔다가, 네덜란드 국경을 넘어 탈출해서 영국으로 이민을 갔다. 그리고 다음에는 파라과이로, 마지막에는 미국으로 건너갔다.

    칼은 도서관에 있는 책을 거의 다 읽었고, 어떤 책은 두세 번 읽기까지 했다. 그는 그 나이층의 사람이라고 하기에는 믿기 어려운 열정으로 당대의 문제들과 사건들에 관심을 가졌다. 그런 칼이 이제는 혼자서 옷을 입을 수도, 숟가락을 들 수도, 머리를 빗을 수도 없게 되었다.

    칼은 자신이 늙었다는 사실에 완강히 저항했다. 그 때문에 그를 돌보는 일이 더 어렵기도 했다. 칼은 혼자 걸을 수 없을 만큼 상태가 좋지 않았다. 하지만 혼자 걷겠다고 억지를 부렸고 누가 말리면 화를 냈다. 또 청력이 사라져 다른 사람이 하는 말을 잘 듣지 못할 때도 화를 냈다.

그렇지만 주위의 모든 사람은 그를 사랑했다. 아이들은 그가 휠체어를 타고 지나가면 놀이를 멈추고 달려가 그에게 민들레를 보여주기도 하고, 비밀 이야기를 해주기도 했다. 그러면 칼은 한 마디도 알아들을 수 없으면서도 "그래, 그래." 하며 환하게 웃었다. 십대 아이들도 그를 사랑했다. 칼은 나이가 많았지만 '신식' 할아버지였다. 그는 신문을 통해 아이들에게 무슨 일이 일어나고 있는지를 훤히 알고 있었다. 학교문제, 청소년 단체 활동, 읽고 있는 책 등, 그들이 이야기하는 모든 것에 깊은 관심을 기울여 주었다.

칼이 우리 목공소를 찾아왔을 때 형제들은 저마다 일손을 멈추고 그에게 인사를 했다. 모두가 그에게 말을 걸었고, 칼도 나름대로 한 사람 한 사람 모두에게 최대의 관심을 보여 주었다.

칼은 자신이 받는 사랑을 당연한 것으로 여기지 않았다. 어린 나이에 어머니를 잃고 학대하는 아버지를 피해 집을 나와야 했던 험난한 어린 시절을 생각하면 이해할 수 있는 일이었다.

하지만 남은 시간이 점점 줄어들면서 그에게는 놀라운 변화가 일어났다. 그의 거칠고 우락부락한 모습은 점점 사라졌다. 때때로 간호하는 사람에게 전에 있었던 일을 사과하기도 했다. "그 때 화내서 미안하이. 용서해 주게나." 그는 가족과 아내가 지켜보는 가운데 평화롭게 눈을 감았다.

언뜻 보면 칼이 보여준 노년의 모습은 그리 별다를 게 없어 보인다. 하지만 그의 노년은 소위 아름다운 노년의 삶이 어떠해야 하는지를 보여주는 완벽한 모델이다. 칼이 받았던 그런 돌봄을 모든 노인들이 받아야 함에도 불구하고, 실제로는 대부분의 경우가 돌봄을 받지 못하고 있다. 애석하게도 감금이나 공포, 그리고 고독과 침묵에서 벗어나기 위해 하루 종일 텔레비전을 켜 놓고 지내거나, 사회보장제도가 있음에도 불구하고 다른 어떤 나이층보다 극심한 가난을 겪고 있는 것이 대부분의 노인들의 현실 상황이다.

❀ ❀ ❀

두어 세대 전만 해도 사람들은 한 곳에서 일생을 보냈다. 같은 집에서 자녀들을 키우고 나이 들어 가족과 친구와 교인들에 둘러싸여 죽음을 맞이했다. 하지만 오늘날처럼 이동성이 특징인 현대 사회의 사람들은 자신들의 뿌리를 잃어버렸고, 어느 한 공동체에 속했다는 소속감도 상실한 채 살아가고 있다. 요즘에는 이유가 어떻든 늙은 부모들은 이미 중년의 나이에 자녀들과 관계가 끊어진 채 고독 속에서 노년을 맞는다.

양로원에서 일한 적이 있는 한 젊은 여성에게 들은 이야기는 우리에게 충격적이었다. 죽어가는 한 노인의 아들에게 전화를 해서 부친이 오늘 밤을 넘기지 못할지도 모른다고 알려주자 그가 이렇게 대답했다고 한다. "제가 자는 동안에는 전화하지 마세요. 정 필요하다면 내일 아침에 전화주세요."

이런 냉담함은 극단적인 경우일지도 모른다. 하지만 그렇게까지 된 원인인 소외와 단절, 그리고 무관심이 사회 전반에 널리 퍼져있는 것을 보면 문제의 심각성을 인정하지 않을 수 없다. 1990년대 중반에 미국을 방문한 마더 테레사는 미국 사회가 노인들을 인간 창고에 가두어 두는 현실을 보고 충격을 금치 못했다. 한 양로원을 방문하고 나서 마더 테레사는 이렇게 말했다.

그곳에는 자식들에게 버림받은 노인들이 많이 있었습니다. 그곳에 사는 노인들은 부족한 게 없었습니다. 좋은 음식, 편안한 장소, 텔레비전, 그 외의 모든 것을 갖추었습니다. 그러나 그들은 웃지 않았고 멍한 눈길로 거의 다 문 쪽만 쳐다보고 있었습니다. 그곳에서 일하는 자매가 말하길 "하루 종일 하는 일이라고는 저렇게 누군가 오기를 기다리는 게 다예요. 아들이나 딸들이 찾아오길 손꼽아 기다리는 거죠. 저들은 자신들의 존재가 사라진 것 때문에 크게 상처를 받고 있어요."

산업화 사회에서 노인들이 겪는 참상을 지적하는 것은 쉽다. 하지만 거기에는 뿌리 깊은 원인이 서로 얽혀 있어서 해결 방안이 결코 간단하지 않다. 나이 들고 병들어 혼자서는 살아갈 수 없는 늙은 부모와 함께 살고 있는 사람과 이야기해 보면 이 문제가 얼마나 복잡한지 금방 알 수 있을 것이다.

자기 부모가 버려진 채 비인간적인 환경 속에서 죽기를 바라는 자식은 하나도 없을 것이다. 하지만 자기 생활이 있는 자식이 새벽부터 밤늦게까지 병든 부모를 일일이 돌봐야 하는 어려움을 상상해 보면, 왜 자기 부모를 집에서 돌보는 사람이 거의 없는지 충분히 이해할 만하다. 그들에겐 돈도 시간도 공간도 여력도 없는 것이다.

그렇다고 집에서 노년을 보내는 것이 다 좋은 것은 아니다. 특히 혼자 사는 노인의 경우가 그렇다. 그리고 여건이 허락해서 가족에게 돌봄을 받는다 하더라도 넘어야 할 산이 하나 둘이 아니다. 이런 어려움을 생각해 볼 때, 왜 가족들이 처음에는 부모를 집에서 돌보다가 나중에는 요양원이나 호스피스에 의지하게 되는지 충분히 이해할 수 있다.

그것은 부끄러워 할 일이 아니다. 오랫동안 병으로 고생하는 환자를 돌본 경험이 있는 사람이라면 그것이 얼마나 큰 희생을 감수해야 하는 일인지 알 것이다. 하지만 그런 힘겨운 돌봄도 사랑으로 한다면 하나의 특권이 될 수 있고, 힘들고 어려운 결정도 연민의 마음을 가지고 한다면 견딜 힘을 발견할 수 있을 것이다.

    비극적인 것은 이런 돌봄을 말로만 들을 수 있을 뿐, 눈으로 직접 볼 수 있는 경우가 거의 없다는 것이다. 많은 노인들이 가족들에게 버림받고 있는 것이 현실이다. 이런 상황에서 많은 노인들 스스로가 가족들에게 짐이 된다고 느끼거나, 은퇴하자마자 삶에 회의를 갖고, 죽어가는 사람들의 죽을 '권리'에 대한 말을 공공연하게 내뱉는 것은 놀랄 일이 아니다.

    최근 몇 십 년 동안 생명에 대한 사회의 근본적인 접근 방식은 이기주의에 의해 심각하게 일그러졌다. 우리는 얼마나 자주 (무의식적으로라도) 사람들을 자신에게 유용한지, 또는 방해가 되는지에 따라 판단하는지 모른다. 우리 중에 한 번이라도 지체 장애자나 노인을 귀찮은 존재라고 생각해 보지 않은 사람이 있을까?

    불행하게도 만성병과 장애를 가진 노인에 대한 사랑과 존경은 우리 문화에서는 더 이상 일반적이지 않다. 안락사가 주는 충격의 강도도 점점 옅어져 간다. 그것들은 더 이상 금기가 아니며 합리적인 선택으로까지 여겨진다. 미국의 '죽음의 의사'로 유명해진 잭케보키안은 최근 몇 달 동안 40건 이상의 자살을 도와주었지만, 대부분 그에 대해 다루는 보도에는 항의의 목소리가 없었다. 오로지 제 삼자의 입장에서 보도할 뿐이었다.

유럽도 사정은 마찬가지다. 한 친구가 영국에서 보낸 기사에는 안락사를 도와준 혐의에 대해 한 의사가 이렇게 변명하는 글이 실려 있었다. "그 여자 환자가 죽기까지 한 주를 기다려야 하는데, 우리 병원에서는 그 침대가 필요했습니다."

그런 악한 행동을 정당화하는 데 늘 따라오는 냉혹함은 왜곡된 언어로 포장된다. 사람들은 그런 행위를 '자비로운 살인' 또는 노인이 '품위 있게' 죽을 수 있도록 '돕는 일'이라고 말하는 것이다. 그러나 어떠한 미사여구로도 타인의 고통을 대하는 그들의 태도 속에 숨어 있는 냉혹한 실용주의를 부정할 수 없다.

우리가 타인의 필요를 채워 줄 수 있는 유일한 방법이란 것이 그들을 죽도록 돕는 것이라니! 이 얼마나 비극인가! 죽음에 임박한 사람에게 필요한 것은 사랑과 위로지, 약품투여를 통한 죽음이 아니다.

이것은 노인들이 아무리 허약하고 무능력하고 병에 걸렸더라도 우리에게 줄 수 있는 것이 얼마나 많은지 생각해 볼 때, 비극이 아닐 수 없다. 아무리 노쇠한 노인일지라도 존재 그 자체로 우리에게 무엇인가를 줄 수 있는 것이다. 곁에 있는 사람이 인내와 겸손함으로 그것을 받기만 하면 말이다.

남미 파라과이에서 살던 어린 시절 나는 버나드와 친하게 지냈고, 그가 일하던 마구간 일을 돕곤 했다. 버나드는 말을 잘 다뤘고 황소만큼 힘이 셌다. 그는 나의 유년기 영웅 중 한 명이었다. 하지만 세월이 흘러 75세의 노인이 된 버나드는 알츠하이머병으로 모든 기술과 재능을 서서히 잃어가고 있었다. 버나드는 다방면에 걸쳐 관심과 재능이 많았는데 병으로 인해 서서히 무능한 사람으로 변해가고 있었던 것이다.

병세가 심해지면서 그의 좌절도 더해갔다. 이제 그는 스스로 차도 못 끓이고 방향감각도 매우 둔해졌다. 그러더니 얼마 후에는 고통을 눈으로 표현하는 것 외에는 어떤 것도 할 수 없게 되었다. 죽음이 가까워지면서 그는 거의 50년을 함께 해온 아내조차 알아보지 못했다.

그럼에도 그는 얼굴에 미소를 잃지 않았고, 그의 곁에 있는 사람들 가슴에 사랑과 연민을 심어 주었다. 또한 아이들에 대한 사랑도 끝까지 멈추지 않았다. 버나드는 그를 찾아온 아이들을 위해 마지막 웃음을 아껴두었다. 그는 아이들을 사랑했고, 아이들도 그를 사랑했다. 아이들에게 버나드는 한 명의 할아버지이며 귀하고 사랑 받을 존재였지, 모든 기능을 상실한 채 죽어가는 쓸모없는 노인이 아니었다. 우리 어른들 또한 그런 태도를 가져야 한다. 모든 인간에게는 무한한 가치가 있기 때문이다.

나는 그런 모습을 버나드의 경우뿐만 아니라 다른 이들에게서도 많이 보아왔다. 죽음을 목전에 두거나 오랫동안 병으로 누워있는 사람들은 우리처럼 건강한 사람들을 하나님에 대한 심오한 경험으로 이끈다. 이런 식으로 그들은 자신들이 젊고 건강했을 때 했던 성취와 기여보다도 훨씬 더 귀한 내적 섬김을 하는 것이다.

※ ❉ ※

나의 장모 마그리트는 13년 동안 루게릭병을 앓았고, 8년 동안 침대에 누워 계시다가 돌아가셨다. 장모님은 대가족의 축복을 누리셨다. 장모님에게는 11명의 자녀와 60명이 넘는 손자들과 증손자들이 있었다. 장모님은 취리히 음악학교 졸업생이었고, 재능 있는 바이올린 연주자였다. 그래서 수년 동안 우리 공동체 합창단을 지도하셨고 많은 아이들이 장모님에게서 바이올린을 배웠다.

장모님은 말수가 적었고 겸손한 여성이셨다. 언젠가 장인이 우리 공동체를 방문한 손님들과 격렬한 토론을 벌이시다가 장모님께 이렇게 물었다. "당신은 어떻게 생각하오?" 그러자 장모님은 살며시 웃으며 대답하셨다. "전 듣기만 할래요." 그렇다고 장모님이 소심한 성격은 아니셨다. 장모님에게는 어떤 언어보다 설득력 있는 확신과 자신감이 있었다.

내게 있어 장모님과의 마지막 시간들은 노인을 돌보는 것이 얼마나 중요한지 실감하게 하는 시간이었다. 하지만 그것은 그들을 돕고 간호한다는 의미에서가 아니라, 그들이 우리 남은 자들에게 돌려주는 선물을 민감하게 받아들인다는 의미에서 그랬다.

보통 연주자들은 자신의 재능이 사라지는 것을 한탄하지만 장모님은 그렇지 않았다. 반대로 겸손하게 자신의 한계를 받아들이셨던 것이다. 장모님은 나중에 너무 몸이 약해지셔서 힘들게 애를 써야만 가까스로 말을 할 수 있을 정도가 되셨다.

장모님은 스스로 할 수 있는 게 아무것도 없었다. 하지만 찾아오는 손님 손을 힘없이 잡고는 말이 아닌 그윽한 눈길로 대화할 수 있었다. 그러던 어느 날, 간호하는 사람에게 겨우 속삭이듯 말을 꺼내셨다. "그래도 난 기도할 수 있어."

마지막 시간 동안 장모님은 우리에게 젊은이들의 대단한 업적은 시간이 지나면 퇴색하지만 사랑과 단순함은 사라지지 않는다는 것을 깨닫게 해 주셨다.

죽어가는 사람은 나이나 상태와 상관없이 모두 그런 사랑의 불씨를 가지고 있다고 나는 믿는다. 그것은 비록 숨겨져 있어 발견하기 어렵지만 말이다. 하지만 우리가 참으로 그 사랑의 불씨를 찾기를 원하고 포기하지 않으면 곧 발견할 수 있다. 그리고 일단 불씨를 발견한다면 불을 피워 꺼지지 않게 해야 할 것이다.

17장
Dying 임종

  80대 후반의 나이에도 나의 장인 한스는 유럽으로 여행을 가셨다. 역사와 종교에 큰 관심을 갖고 계셨던 장인은 나이 때문에 컨퍼런스나 여행을 포기한 적이 없었다. 관심 분야의 사람들을 만나는 일이라면 장거리 여행이라도 마다하지 않으셨다. 아무리 장시간 여행을 해도 장인은 지치기는커녕 오히려 더 힘이 솟는 듯했다. 그걸 아는 가족 중의 한 사람은 장인이 일하다가 돌아가실 거라고 말하기도 했다.

  1992년 성탄절 전 날, 아흔 살의 장인은 어깨에 양치기 외투를 걸치고 손에 나무 막대기를 쥔 채 건초 더미에 앉아 해마다 야외에서 하는 예수 탄생 연극에 참여하고 계셨다. 장인은 전에도 여러 번 그 연극에 참여한 경험이 있었다. 연극 중 몸에 한기를 느낀 장인은 사람들에게 집으로 데려다 달라고 부탁을 했다. 한 형제가 장인이 차에서 내리는 것을 부축하려고 차 뒷문을 열었다. 그러나 그 때 장인은 이미 영원히 눈을 감은 뒤였다.

    친구나 가족을 느닷없이 보내는 것은 언제나 큰 충격이다. 하지만 이미 죽음을 생각할 나이가 되었고, 충만한 삶을 살아왔다면 그런 죽음은 축복이 될 수도 있다. 사실 대부분의 사람들은 선택할 수만 있다면 장인처럼 순식간에 그리고 행복하게 최후를 맞고 싶을 것이다. 하지만 그렇게 세상을 떠나는 사람은 매우 드물다. 대부분의 사람들에게 죽음은 언제나 서서히 찾아온다.

❀ ❀ ❀

    죽음은 언제나 힘겨운 싸움을 동반한다. 거기에는 미지의 세계에 대한 불안에서 오는 두려움도 있고, 남겨진 책임을 다하고 싶은 초조, 과거 잘못이나 죄에서 벗어나고 싶은 후회 등이 있다. 또한 거기에는 모든 것이 끝나버린다는 생각에 대한 본능적인 저항도 있다. 그것을 생존본능이라고 부르든, 삶의 의지라 이름 붙이든 간에 뿌리 깊은 인간의 원초적인 힘임에는 틀림이 없다. 그러기에 그 힘이 죽어가는 사람에게 놀라운 쾌활함을 불어넣기도 한다.

    2년 전, 90대 중반의 모린 할머니는 넘어져서 엉덩이뼈가 부러지는 사고를 당했다. 그 사고 이후 바로 여동생이 세상을 떠났고, 큰아들이 그 뒤를 이어 세상을 떠났다. 할머니는 잠깐 휠체어에서 보내는 시간을 빼고 나면 하루 종일 거의 침대에 꼼짝없이 묶여 지내야 했다.

그럼에도 방문객 커피 속에 고무로 만든 쥐를 몰래 집어넣길 좋아하는 이 '억센 늙은이 새'(본인의 표현대로)는 어떤 젊은이보다 생기가 넘쳐흘렀다. 2000년까지 살겠다는 목표를 달성한 할머니는 이제 100살까지 살 계획이라고 농담 삼아 이야기한다. 할머니는 자신의 나이에 온 몸과 마음으로 저항하면서 생명력을 꺼지지 않게 했다.

나의 여동생의 의붓딸인 에스더는 10살 때 암에 걸렸다. 줄넘기와 술래잡기를 좋아하고 아버지와 함께 말 타기를 즐기던 에스더는 병으로 인해 침대에 누워 꼼짝 못하는 신세가 되어 버렸다. 얼마 후 그녀는 다리 하나를 절단해야 했다. 에스더는 눈물을 흘렸다. 하지만 금방 마음을 잡고는 의족에 대해 관심을 보였다. "크리스마스까지는 반드시 걸을 거예요. 두고 보세요." 에스더는 다짐을 했다. 얼마 후에는 시력까지 잃었다. 하지만 이번에도 주저앉지 않았다. 에스더는 그동안 해오던 피아노 레슨을 중지하지 않았다. 에스더는 명랑하고 쾌활하게 암에 대항해 포기하지 않고 끝까지 싸웠다.

※ ❀ ※

사람은 살려는 의지만 있다면 아무리 힘든 어려움도 극복할 수 있다. 하지만 죽음은 인간이 어찌 해 볼 도리가 없는 것이며, 인간의 육체에는 반드시 마지막이 있다. 이상하게 들릴지 모르지만 현대 문화는 이 진실을 거부하려고 애쓰는 것 같다.

플로리다 주에서는 수천 명의 은퇴한 노인들이 함께 모여 춤추고 짝을 만나고 운동하고 일광욕을 즐긴다고 한다. 또 젊은이 같은 피부를 만들기 위해 엄청난 돈을 써 가면서 성형수술을 한다고 한다. 모두가 인생의 재미를 누리고 '충만한 삶'을 살기 위해 열광적이었다.

하지만 실제 나이는 70대인데 20대인양 행세하면서 마치 주름과 심장병과 요실금과 기억력 감퇴 같은 것은 자기와는 상관없다는 식의 모습은 어쩐지 눈살을 찌푸리게 한다.

과거에는 전염병과 기근이 마을이나 도시 전체를 죽음으로 몰아갔고, 아기를 낳다가 산모가 죽거나 아니면 아기가 죽는 경우가 비일비재했다. 필립 얀시는 "어떤 인간도 죽음을 만나지 않을 것처럼 살 수 없다."라고 말한다. 요즘에는 현대 의학과 풍부한 식량, 공중보건 향상, 수명 연장으로 인해 죽음이 그렇게 피할 수 없는 숙명이 아닐 수도 있다는 착각이 사람들 사이에 퍼져 있는 것 같다.

필립 얀시의 말을 다시 들어보자. "헬스클럽이 성행하고 있다. 건강 음식점도 마찬가지다. 사람들에게 건강은 거의 종교처럼 되었다. 그런 한편, 죽음을 기억나게 하는 것들 — 영안실, 말기 환자 병동, 공동묘지 — 을 어떻게든지 감추고 숨기려고 한다."

그런 가운데 우리는 일상의 삶 전반에서 죽음을 제거해 버리고 말았다. 그리고 그와 동시에 실제로 죽음이 찾아왔을 때 그것을 받아들일 수 있는 능력까지 상실하고 말았다.

이것은 죽어가는 사람의 두려움을 대수롭지 않게 여긴다는 뜻이 아니다. 또한 어떤 전문가들이 말하듯이 죽음을 친구처럼 생각해야 한다는 것도 아니다.

성경의 관점에서 보면 죽음은 하나의 적임에 틀림없다. '사망의 음침한 골짜기'를 지날 때 하나님의 손이 보호해 주시기를 간구하는 시편 기자처럼, 사람들은 누구나 죽음을 두려워하고 피하고 싶어 한다.

지금까지 죽음을 기다리는 사람을 어떻게 위로할 것인지에 대해 많은 말을 했지만 한 가지 기억해야 할 것은 사람마다 느끼는 아픔이 다르고, 그들의 필요가 제각각이라는 것이다. 어떤 이는 신경이 날카로워지고 수다스러워지는가 하면, 어떤 이는 말이 없어지고 뿌루퉁해진다. 의기소침해지는 사람이 있는가 하면, 하나님과 협상을 벌이는 사람도 있고, 오히려 침착해지는 사람도 있다.

다 정상적인 반응들이며 어느 것이 나쁘다 말할 수 없는 것들이다. 죽음으로 가는 과정은 매우 복잡한 과정이며 두려움과 불안, 절망과 함께 희망과 평안이 어지럽게 뒤얽힌 인간 감정의 스펙트럼을 포함한다. 그리고 이런 감정들은 죽어가는 사람뿐만이 아니라 주위 사람에게도 영향을 끼치기 마련이다.

❀ 🦋 ❀

　죽음을 기다리는 사람에게는 환경이 무척 중요하다. 병원은 수술에서 회복하는 데는 최적의 장소이긴 하지만 죽음을 맞기에는 결코 이상적인 곳이 못 된다. 무엇보다도 집이 줄 수 있는 편안함과 친밀함에는 못 미친다. 게다가 집에서만큼 문병객이나 친구, 가족의 방문이 자유롭지 못하다. 그래서 병원과 집 사이의 선택은 보통 어려운 것이 아니다.

　어떤 환자에게는 병원의 최첨단 설비가 안도감을 주지만, 어떤 사람은 복잡하게 얽혀 있는 전선들과 끝없이 삑삑거리는 모니터들 때문에 잠을 못 이룰 만큼 고통을 겪기도 한다. 어떤 경우건 환자 자신이 원하는 것을 파악해서 의사와 솔직하게 대화하는 것이 중요하다. 혹 의사가 환자의 생각에 동의하지 않거나 오해를 하는 상황이 벌어지더라도 중요한 것은 환자 자신이다.

　최근에는 의학 기술이 놀랍도록 발전하긴 했지만, 생명을 연장했다기보다 죽음의 과정을 연장한 측면이 더 많은 것 같다. 실제로 둘을 가르는 선은 매우 희미하다.

　《마지막 선물 Final Gifts》의 공동 저자이면서 호스피스 간호사인 매기 캘러낸 Maggie Callanan은 죽어가는 사람이 겪는 정서적인 문제는 병 자체보다 훨씬 고통스러운 것이라고 말한다. 그리고 그런 문제를 해결하지 못했을 때 그들은 불안에 휩싸이게 되며 죽음을 맞을 준비가 되어 있지 않다고 느끼게 된다. 한 베트남 참전 군인을 간호했던 일을 떠올리면서 그녀는 이렇게 적고 있다.

하루는 당직 간호사에게 전화가 왔다. "빨리 오셔야겠어요. 거스 환자가 심한 불안 증상을 보이고 있어요. 어떻게 해야 할지 모르겠어요."

나는 속으로 생각했다. '그래, 마침내 일이 풀리는 거야.'

나는 거스가 얼마나 오래 자신의 강한 이미지를 버텨낼 수 있을지 궁금해 하고 있던 차였다. 언젠가는 거스가 두려움에 휩싸일 때가 올 거라고 예상하고 있었다.

병원에 도착했더니 사태가 심각했다. 거스는 고뇌 속에서 울부짖으면서 뭔가 알아들을 수 없는 말을 간헐적으로 내뱉고 있었다. 그의 입에서는 '마을', '아기들', '네이팜탄' 같은 단어들이 고통스런 울부짖음과 함께 튀어나왔고, "내가 그랬어, 내가 그랬어!"라는 비극적인 절규가 쏟아져 나왔다.

간호사들은 거스가 목사를 만나고 싶어 한다는 것을 알고 급히 연락을 했다. 그리고 잠시 후 거스는 목사에게 자신의 짐을 털어놓은 뒤 편안한 마음으로 눈을 감았다.

때로 이들 죽어가는 사람들의 혼란과 고민의 원인은 아무도 자신이 겪는 고통을 몰라준다는 생각 때문이기도 하다. 이런 두려움은 주변에 가족과 친구들이 많이 있는 것과는 상관이 없다. 《마지막 선물》을 다시 한 번 인용하자.

죽어가는 많은 이들이 외로워하는 것은 방문객이 없기 때문이기도 하지만, 방문객이 찾아왔을 때 벌어지는 일들 때문이기도 하다. 몇몇 병문안 온 사람들은 날씨나 스포츠나 정치 같은 쓸데없는 이야기로 시간을 허비해 버린다. 의식적이건 무의식적이건 그들의 잡담은 환자들이 마음 속 깊은 이야기를 못하게 방해한다. 그로 인해 죽어가는 사람의 세계는 움츠러들게 된다. 자신들에게 일어나는 일에 대해 터놓고 말하지 못하게 될 때, 이들은 애정과 관심을 가진 사람들 한복판에서도 외로움을 느끼게 된다. 그들은 고립되고 버림받았다는 느낌을 받게 되고, 그 반응으로 분개하고 화를 내게 된다.

수다나 농담도 기도만큼이나 필요하다. 부자연스러운 거룩함보다 억압적인 것은 없다. 하지만 말보다 더 중요한 것은 작은 사랑의 행동이다. 이마의 열을 내리는 젖은 수건, 떨리는 어깨를 붙들어주는 손길, 마른 입술을 적셔주는 물수건 등의 작지만 마음이 담긴 행위를 사람들은 삶의 마지막 순간에도 간절히 바란다.

사형수들의 죽음의 자리까지 동행했던 헬렌 프리진Helen

Prejean 수녀는 우리가 할 수 있는 게 아무것도 없을 때조차도 그 사형수를 사랑의 눈길로 위로하는 사람이 적어도 한 명은 있다는 것을 그 사형수에게 보여줄 수 있다고 말한다.

❧ ✤ ☙

죽어가는 사람이 혼자 임종을 맞는 것만큼 불행한 일도 없다. 어떤 사람은 금방 눈을 감을 것 같다가도 몇 주 혹은 몇 달이 지나가는 경우도 있고, 어떤 사람은 회복되는 것처럼 보이다가도 갑자기 세상을 떠나 주위 사람들을 놀라게 하기도 한다.

몇 년 전 친구 롭이 죽던 날 그는 아내와 아이들을 방으로 불러서는 자신이 얼마나 그들을 사랑하는지 말하고는 앞날의 복을 빌어 주었다. 그리고 몇 시간 후 눈을 감았다.

또 다른 친구 브래드는 가족들과 작별 인사를 못하고 세상을 뜨고 말았다. 그가 아파 눕자 모두 성인이 된 자녀들은 아버지를 보기 위해 먼 길을 달려왔다. 그리고 자식 중의 하나가 곁에 남아 임종 전에 다른 식구들을 부르기로 하고 되돌아갔다. 하지만 임종은 너무 빨리 닥쳤고 대부분의 자식들은 곁에 없었다. 그 일로 인해 가족들은 깊이 괴로워했고 죄책감까지 느낀 자식들도 있었다.

나는 그들을 위로하면서 우리가 임종을 지키건, 못 지키건 죽음의 순간에는 어떤 이도 혼자가 아니라고 말해 주었다. 죽어가는 사람은 모두 하나님과 함께 있다고 나는 믿는다.

암으로 죽은 마크와 마지막 밤을 보냈던 한 의사는 그의 일기에 이렇게 썼다.

간간이 혼란스러워하긴 했지만 마크는 힘겹게 숨을 들이쉬는 중간 중간 말을 이어갔다. 그는 어디론가 '가는' 것에 대해 말을 했다.

나는 말했다. "그래요, 당신은 갈 수 있습니다. 예수님께서 인도하실 거예요."

그가 고통스럽게 대답했다. "하지만 너무 힘겨워요."

나는 말했다. "우리를 의지하지 말고 하나님을 의지하세요."

마크는 "그러려고 해요. 하지만 다음에는 뭘 해야 할지 모르겠어요. 너무 낯설어요."라고 했다. 그러자 그의 어머니가 말을 했다. "그래. 우리보다 조금 앞서 가는 거란다. 그리고 나중에 그곳에 어떻게 갔는지 우리에게 알려다오."

조금 있다가 마크는 아버지에게 성경을 읽어달라고 했다. 로마서 8장을 다 읽자마자 마크는 말했다. "예수님이 오시겠죠?"

우리 중 몇 명이 입을 모아 대답했다. "그래, 반드시 오실 거야."

그리고 잠시 후 마크는 매우 큰 소리로 말했다. "더 이상 기다릴 수가 없어요!"

그 뒤 30분간 마크는 심하게 숨을 헐떡였고, 그러면서도 몇 분 간격으로 뭔가를 말하려고 했다. 어떤 때는 한 단어였다가 어떤 때는 한 문장을 말하기도 했지만 급하게 내뱉는 말이라서 알아듣기가 어려웠다. 그는 눈을 뜨고는 있었지만 더 이상 우리를 보고 있는 것 같지는 않았다. "엄청난 싸움이…… 내가 얼마나 힘든지 모를 거예요 …… 불쌍한 …… 영적인 것에 …… 집중하세요."

나중에는 이런 말을 했다. "가야 돼요 …… 예수님이 …… 너무 놀라워 …… 너무 생생해 ……."

잠깐 멈추더니 마크는 말을 이었다. "전 정말 나빠요. 하지만 아무것도 할 수 있는 게 없어요."

우리는 아무리 후회스러운 일을 했어도 다 용서받았다고 위로했다. 그리고 하나님이 인도하실 거라고, 얼마 남지 않았다고 말해 주었다. 그런 뒤 마크는 물을 달라고 하더니 이렇게 말했다. "곧 떠나야 돼요 …… 내 생애 가장 좋은 날 ……." 그리고 약 한 시간 반 후에 그는 마지막 숨을 거두었다.

마크의 이야기가 보여주듯이, 죽음이란 우리가 경외감 가운데 지켜보는 것 외에 할 수 있는 것이 아무것도 없는 신비다. 만약 어떤 사람이 살기 위해 싸운다면 우리는 그를 도와 같이 싸울 수 있다. 그리고 그가 죽을 준비가 되어있다면 그를 이해한다고 위로할 수 있다. 하지만 그 범위를 넘어서면 우리는 비켜 서 있어야 한다. 내가 이것을 말하는 이유는 죽어가는 사람에게 있어서 가장 중요한 것은 평화로운 분위기이기 때문이다. 우리가 우리 자신에게만 집중하고 죽어가는 사람의 고통을 덜려고만 애쓴다면 오히려 그를 방해하고 혼란스럽게 만들며, 평안을 발견하지 못하게 막는 꼴이 될 수도 있다.

삶이 막을 내리려 할 때는 어떤 중요해 보이는 것을 포함해 모든 것이 꺼져 버리게 된다. 그리고 모든 것이 꺼졌을 때 중요한 것은 영혼의 상태다. 우리는 사람의 마음을 볼 수 없다. 그리고 그가 하나님 앞에서 어떻게 서 있는지 걱정해도 소용없다. 하지만 죽어가는 사람이 겪는 것에 우리 눈과 귀를 열어 그의 고통을 우리의 고통으로 느끼면서 그 고통에 동참할 수 있고, 그가 자비와 은혜를 찾도록 기도할 수 있다.

마지막으로 우리는 헨리 나우웬의 말처럼 "죽음이 최종 권한을 가지지 않는다. 우리는 그들을 바라볼 수 있다……그리고 그들에게 소망을 주며, 그들의 몸을 안아 줄 수 있다. 그리고 우리는 우리보다 강한 팔이 그들을 받아주시고, 그들이 간절히 바라는 평안과 기쁨을 주실 거라는 사실을 믿을 수 있다."라는 것을 믿고, 죽어가는 사람을 고이 보내주어야 한다.

18장
Grief 슬픔

누군가를 잃는 쓰라린 현실을 정직하게, 그리고 있는 그대로 받아들이는 일은 누구에게나 감당하기 벅찬 일이다. 그것을 받아들이기 위해서는 자신의 약점과 연약함을 인정할 수 있어야 하며, 자신의 한계를 겸손하게 받아들이면서 다른 사람을 의지할 수 있어야 한다.

우리는 이런 어려움 때문에 그런 현실에서 눈을 돌리거나 적당한 미사여구를 둘러대며 회피하기도 한다. 그리고 외면과 회피가 불가능할 때는, 마치 과속방지턱을 넘는 것처럼 해결하려고 한다. 그 순간은 어쩔 수 없이 속도를 늦추다가 지나기가 무섭게 서둘러 속도를 높이는 것처럼 말이다.

어떤 경우는 우리 자신을 위한다는 명목으로 현실을 회피하려고 한다. 우리 자신을 자꾸 추스르고 힘을 내면 고통을 줄일 수 있다는 희망 때문이다. 또 어떤 경우는 고통에서 빨리 헤어나오지 못하는 모습을 다른 사람들이 어떻게 생각할지 두려워 고통을 숨기고 틀어막는다.

다들 이런 식으로 슬픔을 해결해 보려고 애를 써 보지만 생각만큼 잘 되지는 않는다. 감추고, 돌려 이야기하고, 나중으로 미루고, 없는 것처럼 가장하기도 하지만 결국 슬픔은 정면으로 부딪쳐 충분히 겪지 않는 한 사라지지 않는다는 것을 깨닫게 되는 시간이 온다. 작별의 아픔이 제각기 다르듯이 슬픔을 껴안는 시간도 사람마다 다르다. 하지만 안타까운 것은 이런 슬픔의 시간이 종종 이해 받지 못한다는 사실이다. 기나의 경우가 그랬다.

몇 년 전 16살 된 남동생 톰이 약물남용으로 목숨을 잃었을 때, 기나는 하늘이 무너지는 것 같았다. "사실 지금까지 저는 그 슬픔에서 헤어나오지 못하고 있답니다." 친구들과 친지들은 그런 기나를 보며 처음에는 같이 마음 아파했다. 하지만 시간이 지나도 그녀가 그 슬픔에서 좀처럼 헤어 나오지 못하자, 언제까지 그런 모습에 동정의 눈길을 보낼 수만은 없었다. 주변의 그런 시선 때문에 기나는 자신의 모습에 죄책감마저 들었다고 한다.

저도 설명을 해보았지만, 사람들은 진심으로 저를 이해해 주지 않았어요. 다들 제가 정상적으로 돌아오길 바라는 것 같았어요. 제가 슬픔과 비통함과 여러 가지 고통스런 감정 속에서 발버둥칠 때마다 사람들은 어쩔 줄 몰라 하며 불편해 했지요.

저는 무척 외로웠습니다.

동생이 죽고 여섯 달 후, 동생의 친한 친구도 세상을 떠나고 말았습니다. 고통이 살을 파고드는 것 같았습니다. 한 친구에게 제가 얼마나 고통스러운지 털어놨더니, 그 친구는 제가 걱정스럽다고 하더군요. 지금쯤이면 제가 모든 것을 극복했어야 한다고 생각하는 것 같았습니다. 그 때문에 마음이 더 힘들었습니다.

저는 마치 고립되어 혼란 속에서 제 동생과 동생 친구의 죽음을 슬퍼하는 것 같았습니다. 저는 그들의 죽음에서 어떤 의미를 찾으려고 몸부림쳤지만 쉽지가 않았습니다. 사람들은 그저 두 애가 죽지 않았어야 했다는 말만 버릇처럼 되풀이했죠.

죽음에 대한 최근의 책에서 저자 스터드는 어머니를 잃은 뒤 다른 사람들에게서 냉담한 반응을 경험한 마이러와의 대화를 자세히 적고 있다. 마이러는 자기가 슬퍼할 만한 자격이 있다고 여겼지만, 다른 사람들은 계속해서 그걸 빼앗아 가버렸다. 그녀는 권리를 박탈당한 느낌이 든다고 털어놓았다.

사람들의 태도는 마치 슬퍼해선 안 된다는, 슬픔을 드러내서는 안 된다는 식이었습니다. 어머니가 돌아가실 때 제 나이는 50대 후반이었습니다. 어머니는 81세셨죠. 어머니가 돌아가시자 사람들은 상투적인 위로를 늘어놓더군요. "어쨌든 어머니는 한평생 행복하게 사셨어." "그러니까 너무 슬퍼해선 안 돼." 하지만 다 말도 안 되는 소리입니다. 그렇게 하기 때문에 우리는 죽음을 제대로 감당하지 못하는 겁니다. 사람들은 일종의 일회성 슬픔을 기대합니다. 내가 그 슬픔을 계속 곱씹는 것을 아무도 좋아하지 않습니다. 사람들은 은행에 돈을 예금하듯이 슬픔도 어디에다 꼭꼭 쑤셔 넣기 원하죠.

그렇게 많은 사람들이 슬픔을 어떻게든지 빨리, 그러면서도 고상하게 극복하려고 애를 쓰는 것도 충분히 이해가 된다. 하지만 그리 마음대로 되진 않는다.

내 경험으로 볼 때, 겉으로는 아무 일 없는 듯이 마음을 굳게 먹은 사람일지라도 조만간 인간은 어쩔 수 없이 슬퍼할 시간이 필요하다는 것을 깨닫게 된다. 결국 슬픔이란 것은 더 이상 곁에 없는 사람을 계속해서 사랑하고픈, 그리고 다시 사랑 받고픈 내면의 욕구이다.

그러기에 우리 감정을 억제하고 이런 욕구를 표현하지 않는 한 우리는 좌절감에서 벗어나지 못하게 될 것이고, 결코 상처에서 벗어나지 못하게 될 것이다. 다시 말해서 슬픔은 상실에 대한 영혼의 자연스런 반응이며 억눌러서는 안 되는 것이다. 아들을 유괴로 잃은 저술가 앤 모로우 린드버그Anne Monow Lindbergh는 이렇게 충고한다.

우리는 슬퍼해야만 한다. 슬픔보다 견디기 어려운 비탄의 시기도 거쳐야 한다. 습관적으로, 또는 관습적으로 손쉬운 도피 방법으로 기울게 되지만 우리는 이를 거부해야 한다.

친구나 가족들이 처음으로 하는 행동은 보통 주의를 다른 곳으로 돌리게 하는 방법이다. '바람 좀 쐬고 와' '분위기를 바꿔봐' '사람들을 데려와서 그를 즐겁게 해줘' '그가 잠시라도 슬퍼할 기회를 주어선 안 돼' 등등. 사실 당사자에게 제일 필요한 것은 슬퍼하는 일이라는 것을 이들은 모른다.

용기는 제일 필요한 것이지만, 충격을 용감하게 견디는 것만으로는 충분하지 않다. 감정을 억제하는 것은 대견한 일이기는 하나 반쪽 해답일 뿐이다. 그것은 잠시 방패막이 역할을 해줄 뿐이다. 결국에는 방패를 내려놓고 마음을 열어 슬픔을 받아들여야만 한다. 그렇지 않으면 상처가 아물지 않은 채 가려져 성숙으로 가는 길을 가로막는다. 성숙과 새로운 힘을 발견하기 위해서는 연약함과 상처를 받아들일 수 있어야 한다. 사랑에 열려 있어야 하지만 힘겹더라도 앞으로 닥칠 수 있는 더 깊은 고통에도 마음을 열어 놓아야 한다.

린드버그의 충고처럼 슬픔에 빠져 있는 사람에게 더 큰 아픔에 자신을 내어 맡기라고 말하는 것은 잔인하게 들릴 수도 있다. 사람들은 자신을 보호하려는 본능이 있기 때문에 한번 상처를 입으면 멀찍이 벗어나고 싶어 한다. 이런 유혹에 저항하기란 쉽지 않다. 하지만 나는 이런 슬픔에 기꺼이 자신을 내맡기는 사람의 경우, 마치 용광로를 통과하듯이 성숙하게 변화되는 것을 많이 보아 왔다.

하지만 여기에는 반드시 겸손한 마음이 수반되어야 한다. 마지못해 억지로 했을 경우, 슬픔은 원망이나 고독, 그리고 반항심으로 변할 수가 있다. 하지만 겸손한 태도로 슬픔을 끌어안을 경우, 우리 영혼은 깨끗하게 비워지고 새로운 것을 품을 수 있게 된다.

누군가를 잃은 슬픔은 금방 사라지지 않는다. 이 때 상실감과 공허함을 피하지 않고 직면하는 것이 중요하다. 다시는 돌이킬 수 없는 변화를 받아들이는 데는 시간이 필요하다. 슬픔은 순전히 개인적인 일이기에 그것을 헤쳐 나가는 데 몇 주 걸리는 사람이 있는가 하면, 몇 달 혹은 몇 년씩 걸리는 사람들도 있다.

내 경험에 미루어 보면 겉으로 보기에는 금방 슬픔을 회복한 것처럼 보이는 사람일 경우에도 슬픔이 그 안에서 미묘하게 오랫동안 지속되는 경우가 많다. 어떤 사람은 누군가를 잃었다는 사실을 쉽게 받아들이지 못하기도 한다.

그래서 고통의 짐을 벗어 던지려고 필사적으로 저항하고, 사랑하는 사람을 빼앗아간 하나님을 욕하며 깊은 절망의 수

렁으로 가라앉아 버리기도 한다. 이런 사람에게는 집중적이고 꾸준한 영적 도움이 필요하다.

사랑하는 사람의 무덤을 찾아갔을 때 편안함을 느끼는 사람들이 많다. 떠난 사람의 웃는 얼굴과 웃음소리, 싸웠던 일들과 즐거웠던 일들을 더듬으며 다시 만날 날을 고대한다.

최근에 언니를 떠나보낸 한 여성이 나에게 편지를 보냈다.

아주 가까운 누군가를 잃어버린 후에, 또 가족 가운데 파고들어 온 영원을 경험한 후에, 일상으로 돌아와 전처럼 살기란 쉽지 않습니다. 그러나 한편으로는 삶을 긍정하고 계속 살아가야 하며, 또 한편으로는 죽음의 고통이 우리의 마음을 부드럽게 일구도록 해야 합니다. 우리는 죽음의 경험이 우리에게 하는 말을 들어야 하며 그로 인해 우리 삶이 바뀌도록 해야 합니다. 죽음에는 목적이 있습니다. 그러기에 우리 마음을 꼭 닫아서는 안 되며 고통이 우리 믿음을 깊게 하도록 해야 합니다.

어쨌든 한 가지는 분명합니다. 나의 식구 중 한 명이 천국에 있다는 것은 우리에게는 큰 선물이라는 것입니다. 그로 인해 우리는 마치 천국에 한 발을 들여놓고 사는 것처럼 다른 세계에 대해 훨씬 더 친밀해질 수 있는 것입니다.

그렇게 지난 몇 주 동안 우리 식구들은 언니가 평안히 누워 있는 곳을 여러 번 찾아갔습니다. 참으로 사랑했던 사람의 무덤가에 앉아 있을 때 느껴지는 편안함은 말로 표현할 길이 없습니다.

장례를 치르기 전에도 사랑하는 사람에게 가까이 있음으로 해서 신비한 평안을 느낄 수 있다. 나 또한 그와 같은 경험을 한 적이 있다. 브루더호프 식구이자 나의 아버지의 주치의였던 밀톤 짐머먼 선생과 함께 아버지의 장례를 위해 아버지의 시체를 염했던 일은 정말 평생 잊을 수 없는 일이었다.

돌아가신 분에 대한 이런 마지막 사랑의 섬김은 가족으로서 당연히 해야 할 애도절차의 일부분인데도 이제는 거의 행해지지 않고 있고, 장의사들이 대신 맡아 해야 할 꺼림칙한 작업으로 간주되고 있다. 나는 그런 면에서 가족들이 정말 의미심장한 일을 놓치고 있다고 생각한다.

❀ ✹ ❀

사람들은 각자 누군가를 잃은 고통에 반응하는 방식이 다르다. 가족끼리도 그런 차이 때문에 충돌하기도 한다.

어머니가 돌아가시고 얼마 되지 않아 우리 가족은 아버지와 함께 둘러앉아 커피를 마시고 있었다. 그 때 우리는 모두 결혼해서 가정을 이룬 성인이었고, 아이들 이야기를 하며 웃고 있었다. 그 날, 그런 우리의 모습이 아버지에게는 상처가 되었던 것이다. 아버지는 우리가 너무 빨리 일상으로 돌아갔고, 어머니의 죽음을 더 심각하게 받아들이지 않는다고 질책하셨다. 아버지가 그 때까지도 많이 슬퍼하고 계신다는 것을 왜 몰랐을까? 왜 우리는 같이 슬퍼하지 못했을까? 나는 그 때 아버지의 질책을 잊을 수가 없다.

정상적인 생활로 돌아가는 것은 슬픔이 치유되는 과정임에는 틀림이 없다. 하지만 그 날 내가 배운 것은 치유 과정이 남들보다 시간이 걸리는 사람의 아픔을 존중해 주는 것이 중요하다는 사실이었다. 많은 사람들은 일이나 직업이 없었다면 비탄으로 인해 미쳐버렸을지도 모른다고 털어놓는다. 그들에게는 집을 벗어나서 뭔가에 집중하게 만드는 일이 필요했던 것이다.

하지만 그와 반대로 생각하는 사람도 많다. 이들은 아직 깊은 슬픔에 잠겨 있기 때문에 평소처럼 일터로 돌아갈 수 없는 사람들이다. 일터로 다시 돌아가는 것은 그들의 슬픔이 끝났다는 것을 의미하는 것인데, 실제로는 슬픔이 이제 막 시작되었기 때문이다.

슬픔에 잠긴 가족들은 종종 동일한 슬픔을 겪은 사람들과 교제를 통해 위로를 발견한다. 앞부분에 메릴에 대한 이야기를 했다. 메릴이 죽고 나서 몇 달 후, 그의 아내 케이디가 남편을 잃은 한 여자를 위로하기 위해 다른 주에 있는 우리 공동체 중 한 곳을 찾아갔다. 후에 케이디는 그 때 그 자매의 아픔을 덜어주었다기보다는 오히려 자신의 슬픔을 완전히 정리하는 축복된 경험이었다고 내게 털어놨다.

시드니와 마조리 부부는 겨우 5주밖에 안 된 첫 아이를 잃었다. 아이를 묻고 난 뒤, 두 사람은 양부모에게 심하게 학대받던 아이를 자기 집으로 데려왔다. 주위 사람들은 그 부부가 이런 상황에서 그 아이를 감당할 수 있을지 걱정했다. 하지만 두 사람은 자신들의 죽은 아기에게 주었을 사랑을 그 아이에게 줄 수 있었다며 오히려 감사하게 생각했다.

내가 어렸을 때 나를 가르치셨던 델프 선생님은 사고로 두 살 된 아들을 잃었다. 그 뒤 선생님 부부는 아들 니콜라스의 옷과 장난감을 형편이 어려운 이웃 아이들에게 나눠 주었다. 이웃을 찾아다니며 아들을 잃은 슬픔을 다스렸던 것이다. 치유는 사랑의 행위를 통해 일어난다.

❧ ✿ ❧

모든 사람이 슬픔을 치유의 기회로 삼지는 못한다. 내가 아는 한 부부는 아들을 잃고 비슷한 사고로 딸을 잃은 스미스 부부를 찾아갔다. 하지만 안타깝게도 스미스 부부는 딸을 잃은 비통함에 잠겨 멀리서 찾아온 두 사람에게 냉담하게 반응했다.

사랑하는 사람을 잃은 고통을 당해보지 않은 사람은 스미스 부부의 행동을 이기적이라고 쉽게 단정지어 버릴지도 모르겠다. 하지만 그건 너무 가혹하다. 상처가 너무 깊은 경우,

위로의 말을 거부하고 싶을 때가 있는 것이다. 우리는 그들을 판단할 자격이 없다.

같은 맥락에서, 성급한 해답을 던져주는 것도 주제넘은 행동이다. 9.11 사태에 관한 글에서 엘린 스프라긴스는 지적하기를, 이 재난은 국가적인 사건이기에 온 나라 사람들이 함께 죽은 이들을 위해 슬퍼했다고 한다. "우리는 모두 기도했다. 우리는 함께 울었고, 사망자 이름에 관심을 기울였고, 헌혈을 했고, 성금을 보냈다 …… 알지 못하는 사람의 고통이 우리 자신의 고통이 되었다."

그럼에도 모두가 아직 당황스럽다고 그녀는 말한다. "어떻게 이 고통에서 벗어날 수 있을까? 어떻게 사람들이 이 상처에서 치유될 수 있을까? 섣불리 대답을 짜내는 것은 무례하고 심지어는 모욕이 될 수도 있다는 느낌이 들었다."

성급한 해답은 위험을 초래하기도 한다. 아이를 잃은 엄마에게 누가 위로한답시고 "아마 하나님이 천사가 한 명 더 필요하셨나봐요."라고 한다면, 아이 잃은 엄마는 어떻게 반응해야 한단 말인가? 슬픔을 겪는 사람에게 가장 필요한 것은 어깨를 살그머니 감싸주고 그저 울도록 내버려두는 것이다.

내가 아는 자매는 어머니를 떠나보내고 나의 부모님을 찾아와 흐느껴 울면서 자신의 슬픔을 다 쏟아냈다. 부모님은 그저 계속 듣기만 하셨다. 그러다 자매의 말이 끝나자 아버지가 조용한 목소리로 "그래, 다 이해한다."라고 말씀하셨다. 그게 전부였다. 그러나 그것은 다른 사람들의 지혜로운 백 마디 말과 조언보다 큰 위로가 되었다.

매트가 암으로 죽어갈 때 엄마 린다는 헨리 나우웬이 쓴 책을 읽게 되었는데, 거기서 "백 마디 말보다 관심 어린 침묵이 우리 기억에 더 깊은 곳까지 영향을 미친다."라는 구절을 읽고 깊이 동감했다.

❀ ❀ ❀

지난 여름 린다 부부는 브라드와 미스티 버넬 부부와 함께 며칠을 보냈다. 그들은 콜롬바인 고등학교 총격 사건에서 딸 캐시를 잃은 비통함 속에서 힘든 시간을 보내고 있었다. 린다는 두 사람을 위로하려고 애쓰면서 경험한 좌절감을 털어놓았다. "한참 동안 여러 번 침묵이 흘렀죠. 어떤 때는 캐시 엄마가 나에게 화가 나셨나 싶을 정도였어요." 이제 린다는 캐시 엄마가 당시 왜 말을 할 수 없었는지 이해하게 되었다. "어떤 말로도 위로할 수 없을 때가 있죠. 그럴 때는 침묵이 더 필요하고, 오히려 그것이 치유를 가져옵니다." 린다는 이어서 이렇게 말했다.

한 해가 지난 후 매트가 마지막 시간을 보내는 중에 캐시 엄마가 저를 생각하며 가슴 아파한다는 소식을 들었습니다. 이번에는 저 때문에 아파하였던 것입니다. 우리 사이에 어떤 소식이 오고 갔던 것은 아니었습니다. 하지만 그런 침묵 속에서 우리는 서로 가까워질 수 있었습니다. 어떤 때는 그녀에게 전화하려고 수화기를 들었다가 다시 내려놓곤 했죠. 어떤 말도 할 수 없을 것 같았어요. 아마 그녀를 만났다면 그저 말 없이 서로 안고 울었을 거라고 생각해요. 아무 말 없이.

3주 후 매트가 세상을 떠났지요. 캐시 아버지와 엄마가 아름다운 꽃을 보내왔습니다. 카드에는 "두 분을 위해 기도합니다."라고 쓰여 있었습니다. 갑자기 저는 전화를 걸어 고맙다는 말을 해야겠다는 생각을 했습니다. 전화를 했더니 아무도 집에 없었어요. 그래서 자동 응답기에 메시지를 남겼습니다. "안녕하세요, 미스티. 린다예요. 꽃 정말 고마워요. 사랑해요." 그 말을 마치자마자 저는 감정이 북받쳐 올라오는 것을 느꼈습니다. 더 이상 아무 말도 필요 없었습니다. 저는 목이 메어 서둘러 전화기를 내려놓았습니다.

매트가 죽기 바로 전 날, 린다는 거실에서 친구와 함께 아무 말 없이 오랫동안 앉아 있었다. 그리고 며칠 후 같은 친구와 또 한 명의 자매가 찾아와 세 사람이 함께 눈물을 흘리며 서로 손을 맞잡았다. 후에 린다는 이렇게 말했다. "아무 말 없이 누군가 옆에 있으면서 서로 아픔을 함께 나누는 것만큼 특별한 것은 없습니다. 그것은 깊은 사랑의 표현입니다."

슬픔과 관련해서 누구에게나 적용할 수 있는 한 가지 사실이 있다. 슬픔은 빠르게 지나가지 않는다는 것이다. 슬픔을 극복하는 데는 시간과 장소가 필요하다. 사랑하는 사람이 다시는 되돌아오지 않는다는 사실을 받아들일 시간과 복잡하게 뒤얽힌 감정을 차근차근 정리할 장소가 필요하다.

어떤 사람은 바로 다음날 놀라운 힘을 회복하기도 하지만, 이들도 얼마 못 가서 다시 상실감에 눌리고 만다. 새로운 변화에 적응할 시간이 필요 없는 사람이 어디 있겠는가? 내가 아는 사람은 수십 년 전에 아버지가 스스로 목숨을 끊었는데, 지금까지도 그 일을 편하게 이야기하지 못한다. 아내의 한 친구는 하나뿐인 딸을 잃었는데 20년이 지난 지금까지 슬픔에 눈물을 흘린다고 한다.

남보다 슬픔에서 빨리 회복하는 사람을 보면, 실상은 고통을 가리는 재주가 뛰어난 경우가 종종 있다. 그리고 시간이 약이라는 말이 있기는 하지만 누구에게나 그런 것은 아니다. 어떤 사람에게는 시간이 갈수록 아픔이 더해지기도 한다.

스물세 살 된 딸 줄리를 오클라호마 연방 빌딩 폭파 사건 당시 잃은 버드는 이렇게 말한다. "나는 사람들이 이제 그만 잊고 덮어두라는 말에 진저리가 납니다. 그런 말은 줄리를 보낸 다음 날부터 들었습니다. 장례식 다음날 말예요! 나는 여전히 지옥을 헤매고 있는데 말이에요. 사실 지금까지도 그런지 모릅니다. 어떻게 이 일이 끝날 수 있단 말입니까? 내 가슴 한 부분이 떨어져나갔는데 말이에요."

슬픔과 비통의 수수께끼에 대해 어떤 해답도 없어 보인다. 하지만 우리에겐 예수님을 믿는 사람들의 공동체가 있다. 누군가를 잃은 아픔과 슬픔을 혼자 감당할 수 없지만, 그 고통과 짐이 아무리 무겁더라도 사람들과 함께 나누면 헤쳐 나갈 수 있다.

또한 하나님이 우리를 역경과 고통에서 구해주시며, 슬퍼하는 사람 곁에 가까이 계신다는 사실이 우리에게 위로가 된다.

"여호와는 마음이 상한 자를 가까이 하시고 충심으로 통회하는 자를 구원하시는도다"(시편 34:18).

19장
부활 Resurrection

1867년 독일 작곡가 요한 브람스가 어머니를 위해 지은 진혼곡이 처음 연주되었을 때, 사람들은 놀라움을 금치 못했다. 브람스는 일반적으로 하듯 죽은 자를 위한 기도문이 아니라, 위로와 희망을 전하는 성서 구절들을 곡에 집어넣었던 것이다.

슬퍼하는 자여, 내가 너를 다시 보리라.
네 마음이 기쁨으로 가득하리니,
아무도 네 기쁨을 빼앗지 못하리라.

엄마가 아이를 위로하듯
내가 너를 위로하리니.

내가 수고하고 애쓴 후에 쉼을 얻으리니

네가 또한 나와 함께 쉬리라.

예술적인 면에서 본다면 이 서정시에서 우리는 옛 형식에다가 새 생명을 불어넣은 브람스의 탁월한 재능을 엿볼 수 있다. 하지만 여기에는 그보다 훨씬 중요한 또 하나의 측면이 있다. 그는 2년 전 죽은 어머니에 대한 슬픔을 풀어낼 언어를 찾느라 고심하는 과정에서 창조적인 출구를 발견했던 것이다. 그리고 그것은 치유의 과정이기도 했다.

20년 전 나는 아버지와 어머니 두 분을 다 잃었다. 지금도 가끔 두 분을 잃은 슬픔에 가슴이 저려올 때가 있다. 나는 브람스가 어떻게 창작 활동을 통해 그의 어머니의 죽음을 이겨낼 수 있었는지 의문이 든다. 그도 아마 몇 년간은 슬퍼했을 것이다. 그럼에도 그의 진혼곡은 부인할 수 없는 어떤 진리를 드러내고 있다. 슬픔은 가혹하고 끝이 없어 보이지만, 그런 슬픔조차도 자리를 내줄 수밖에 없는 더 강한 무엇인가가 있는 것이다. 그것은 바로 소망이다.

모든 문화와 역사를 통틀어 인간은 죽음이 마지막이 아니라 그 뒤에 더 나은 삶이 있다는 믿음에서 위로와 용기를 발견했다. 이 다음 삶이 어떻게 시작되며 어떤 모습인지에 대한 문제는 역사에 걸쳐 사람들의 주요 관심사였고, 각기 다양한 해답을 발견해 오고 있다.

세계 주요 종교들이 죽음 이후에 대하여 생각을 같이 하는 부분이 있다. 그것은 육체는 분해되어 흙으로 돌아가지만 영혼은 (구체적인 형식은 종교마다 다르지만) 다른 차원의 세계로 해방된다는 것이다. 클라렌스 바우만은 이렇게 표현한다. "비물질적 존재인 우리 영혼은 소멸하지 않는다. 영혼은 어떤 영적 무한자 품에 속하게 된다. 우리의 부패한 육체가 이 지구에 흡수되듯이 …… 우리의 정신적이고 영적인 구성요소는 모든 지식과 존재의 운명과 기원을 궁극적으로 결정짓는 영역으로 옮겨간다."

나의 할아버지 에버하르트 아놀드는 이 과정을 용어만 다를 뿐 동일하게 설명하고 있다. "우리 살과 피와 뼈는 진실된 의미에서 우리의 참 본질이 아니다. 그것들은 부패한다. 반면에 우리 존재의 참 자리인 영혼은 필멸Mortality에서 불멸Immortality로, 유한에서 무한으로 넘어간다. 영혼은 육체를 벗어나서 그 조물주에게 돌아간다. 인간 영혼이 끊임없이 하나님을 갈망하는 이유가 거기에 있다. 우리 영혼은 단순히 죽는 게 아니라 영원으로 부름을 받아 하나님과 다시 연합하게 된다."

그리스도인들에게는 예수 그리스도의 부활과 그가 당한 십자가에서의 끔찍한 처형을 떠올리지 않고는 이런 미래를 생각할 수 없다. 그의 죽음은 역사적으로 한번 일어난 동떨어진 사건이 아니라 (그분이 "나를 따르라"는 말속에서 직접적으로 언급하셨듯이) 누구라도 영원한 삶을 살기 원한다면 반드시 지나가야 할 통로다. "누구든지 제 목숨을 구원코자 하면 잃을 것이요 누구든지 나를 위하여 제 목숨을 잃으면 찾으리라"(마태복음 16:25).

우리의 길이 그리스도의 길을 좇아야 한다는 점에서 죽음의 두려움은 충분히 이해할 수 있을 뿐만 아니라 자연스러운 것이다. 예수님 자신도 고뇌 속에서 부르짖으셨다. "아버지여, 어찌하여 나를 버리셨나이까?" 또 이렇게 간구하셨다. "이 잔을 내게서 지나가게 하옵소서." 내가 아버지에게서 처음으로 십자가 고난 사건에 대해 들었을 때 나는 그 잔인함을 받아들일 수 없었고 완강하게 거부했다. 십자가 고난일이 없이 부활절이 오면 왜 안 된단 말인가?

하지만 세월이 흐르면서 나는 고난의 비밀을 점점 깨닫게 되었다. 마치 봄이 오기 전에 겨울을 거치듯이, 태양이 찬연히 떠올라 밤의 어둠을 몰아내듯이, 새로운 생명의 승리 앞에는 고난의 고통이 와야 한다는 것을.

무덤 너머의 삶을 믿지 않는 사람들은 그런 생각을 웃어넘기고 만다. 우리의 표현 능력의 한계 때문에 그것이 막연한 소망으로밖에는 보이지 않는다는 것을 생각해 볼 때 그들의 생각이 충분히 이해는 된다. 하지만 부활에 대한 믿음을 가지고 죽음을 맞은 사람에게 이것은 그저 추상적인 개념이 아니다. 그것은 육체적인 변화를 가져 올 정도로 강력한 용기와 힘의 원천이 된다. 그것은 마치 죽어가는 사람이 영원의 문턱에 서 있는 느낌을 주기도 한다. 또 이런 순간들은 우리에게 영원의 불멸을 넌지시 비추기도 한다.

천국과 지옥, 시간, 영원의 문제에 일평생 사로잡혔던 시인 윌리엄 블레이크Wiliam Blake는 자기에게 죽는다는 것은 단지 '이 방에서 저 방으로 옮겨가는 것'이라고 말했다. 그의 부인에 의하면 그런 그의 확신은 임종하는 순간에도 흔들림이 없었다고 한다. 비록 몸은 약해졌으나 기쁜 얼굴로 침대에 누운 채 노래를 부르며 보냈다고 한다.

43세의 나이에 죽은 철학자 쇠렌 키에르케고르도 이와 비슷한 기쁨으로 죽음을 맞았다고 한다. 그는 죽음이 끝이 아니라 시작이라는 확신 속에서 눈을 감았다. 그의 조카가 남긴 글이다.

삼촌은 여위고 핏기 없는 작은 두 손으로 내 손을 잡고 말했다. "와줘서 고맙다. 이제 작별을 해야겠구나." 이런 간단한 말을 건네고는 지금까지 한 번도 보지 못한 표정으로 나를 지긋이 바라보았다. 그 표정에서 나오는 장엄하고 거룩한 광채가 온 방안을 환하게 비추는 듯 했다. 모든 것이 두 눈에 집중되고 있었고, 그곳에서 찬란한 빛과 따스한 사랑이 나오고 있었다.

나의 부모님이 2차 세계 대전 당시 알게 된 92세의 야베즈 할아버지도 동일한 기쁨으로 죽음을 맞았다. 야베즈 할아버지는 그를 알았던 사람들에게 잊지 못할 인상을 남겼다.

그는 하얗게 센 수염을 가진 위풍당당한 호걸이었는데, 의자에 앉아 무르익은 들녘 바라보길 좋아했고 장차 올 하나님의 위대한 추수에 대한 이야기를 자주 했다. 야베즈 할아버지는 시므온처럼 나이가 들었을 때 영원한 영광을 이 땅에서 어렴풋하게나마 볼 수 있는 기회를 얻은 사람이었다.

죽어가는 사람을 괴롭히는 걱정과 근심에서 초연한 채 그런 광대한 시야를 품을 수 있기는 쉽지 않다. 하지만 아무리 우리의 시야가 제한적일지라도 우리의 마지막 순간을 불안과 두려움으로 허비해선 안 될 것이다. 어머니 머리맡에서 죽음을 지켜본 도로시 데이Dorothy Day는 우리가 겨자씨만한 믿음일지라도 굳게 잡기만 하면 절망과 회의 속에서도 인도함을 받을 수 있다고 되새겨 준다.

죽어가는 사람 곁에 앉아 지금 일어나는 일에 엄숙하게 집중하는 나를 보았다 …… 이것은 싸움이다. 두렵고 치열한 …… 살기 위해 한숨 한숨 들이쉬는 육체적 싸움이다.

죽음에 대해 말을 꺼내기란 쉽지 않다. 하지만 우리 모두는 언젠가는 죽는다. 나는 엄마에게 "눈 먼 사람이 색깔이 무엇인지 상상할 수 없듯이 우리도 무덤 너머 삶을 상상할 수 없지만 우리에게는 믿음이 있다."라고 말했다. 그리고 우리의 지식이란 게 건너편까지 닿지 못하는 끊어진 다리이기 때문에 우리는 "하나님, 당신을 믿습니다. 나의 부족한 믿음을 도우소서."라고 기도해야 한다고 말했다. 이것은 진정 아름다운 기도다.

그리고 믿음이 신실한 사람들에게는 죽음이 단지 '변화'라는 것을 기억해야 한다. 이 지상의 처소는 없어지지만 하늘의 영원한 집이 기다리고 있기 때문이다.

도로시 데이가 언급한 '변모transformation'를 믿는 데는 그리 큰 신앙의 도약이 필요하지 않을지도 모른다. 변모는 우리 주변 자연에서 쉽게 볼 수 있기 때문이다. 유충이 나비로 변형되는 모습, 씨가 싹을 내는 것 등등. 죽음 이후의 신비 역시 완전히 우리에게 감추어진 것은 아니다.

많은 사람들의 마지막 순간을 곁에서 지켜보면서 나는 어떤 다른 세상이 가까이 다가오는 것을 느낄 때가 많았다. 그것을 영원, 하늘나라 혹은 하나님 나라 등 어떻게 부르든 이런 일은 호스피스같이 임종 사역을 하는 사람들에게는 일반적인 경험이라고 한다. 한 호스피스 간호사는 《마지막 선물》에서 이렇게 적고 있다.

죽어가는 사람은 밝은 빛이나 어떤 장소를 보기도 합니다. 어떤 사람들은 자신들의 과거를 되돌아보고 인생의 의미를 더욱 깊이 이해하기도 합니다. 또 저편 세상과 그곳에서 기다리는 사람들을 어렴풋하게 보는 사람도 있습니다. 그들은 상세한 설명을 하진 못하지만 자신들이 본 다른 세상의 평화와 아름다움을 놀라움과 경외심으로 말합니다. 그들은 우리에게는 보이지 않는 사람들, 먼저 세상을 떠난 가족이나 친구들과 이야기했다고 말하기도 합니다. 자신이 언제 죽을지 말해 주는 사람도 있습니다.

앞에서 나온 매트의 형 닉은 매트가 마지막 숨을 거둘 때 방에서 다른 세상과 어떤 존재를 의식한 것 같다고 한다.

매트가 숨을 거둘 때 그의 아내는 어떤 음악소리 같은 것을 들었다고 했습니다. 노랫소리 같기도 하다고 했습니다. 말도 안 되는 소리 같지만, 정말이지 그녀가 그 말을 했을 때 저도 뭔가 이상한 소리를 들을 수 있었습니다. 그 사건을 통해 저는 모든 것을 색다른 차원에서 생각하게 되었습니다. 우리 인간은 생각보다 저편 세상과 훨씬 긴밀하게 연결되어 있는 것 같습니다. 우리는 이곳에서 대단치 않은 계획을 가지고 그저 그런 삶을 살아가고 있지만 언제나 저 세상과 연결되어 있는 것입니다.

시간과 공간적인 한계에 매인 우리로서는 이런 것이 무엇을 의미하는지 단지 추측할 수밖에 없다. 사도 바울의 말처럼 우리는 거울로 보듯이 희미하게 볼 뿐이라는 것이다. 하지만 닉이 경험했듯이 영원을 희미하게나마 마주치는 경험도 우리의 가치관을 송두리째 바꿔놓을 수 있다. 하늘나라는 '믿을 수 없는 유토피아적인 기대'가 아니라, 신비스럽긴 하지만 지금 여기에서 경험할 수 있는 실재인 것이다.

❦ ❦ ❦

나는 이 책을 내가 여섯 살 때 죽은 여동생 메리엔의 이야기로 시작했다. 하지만 메리엔의 죽음은 우리 가족에게 있어 처음 경험한 죽음이 아니었다. 그보다 8년 전 부모님은 에미라는 첫 아이를 생후 3개월 만에 잃으셨던 것이다. 다음의 일기는 어머니가 겪은 아픔의 깊이가 어떠했는지 보여주고 있다. 이 때문에 나는 이 책을 어머니의 일기로 마무리하려는 것이다. 이 글을 읽을 때마다 나는 사랑이 두려움보다 위대하고, 생명이 죽음보다 강하다는 것을 상기하며 소망을 다시금 품게 된다.

아기와 함께할 수 있었던 마지막 며칠간은 부모로서 정말 견디기 힘든 시간이었다. 그럼에도 그리스도께서 함께하신다는 믿음 때문에 우리는 어느 때보다 소망으로 가슴이 벅차올랐다.

우리가 아기를 위해 하나님께 중보기도하면서 마음을 모을 때마다 놀랍게도 아기를 사로잡고 있던 죽음의 세력이 힘을 잃고 아기가 생기를 되찾았다. 아무런 반응도 없이 멍하니 눈을 반쯤 뜬 채로 힘없이 숨을 고르다가도 갑자기 눈을 번쩍 뜨고 우리를 쳐다보면서 우유도 먹고 팔도 움직이고 살짝 건드리면 고개를 돌리기까지 했다. 이따금 이런 변화는 순식간에 일어나기도 했다.

아기 방엔 특이하게도 어떤 사랑의 분위기마저 감돌았고, 이 사랑은 온 집안으로 넘쳐흘러 가족 전체를 특별한 사랑으로 묶어 주었다.

서로 돌아가며 아기를 돌보던 가족에겐 참으로 힘겨운 싸움이었고, 아기가 감당해야 하는 고통도 이만저만 크지 않았다. 그것은 죽음과의 싸움이었고 너무나 실제적이어서 그렇게 어린 아기가 감당해야 한다는 것이 믿어지지 않을 정도였다.

아기는 우리에게 말할 수 없는 기쁨을 안겨 주었다. 가끔 배고파 울어 우유를 주면 입맛을 다시며 행복에 겨운 표정으로 우유병을 다비우곤 했다. 아기는 분명 우리와 함께 있는 것이 행복했을 것이다. 이따금씩 웃는 얼굴로 그 조그만 입을 살짝 벌린 채 잠을 잤다. 그리고 잠에서 깨어나서는 몸을 쭉 뻗으며 이불 밖으로 손을 내밀었다.

우리와 함께한 마지막 며칠간 위험한 순간들이 여러 번 있었다. 자그마한 얼굴이 갈수록 여위어 가면서 눈만 큼직해져 뭔가를 애타게 말하고자 하는 듯했다. 아기의 목도 하루가 다르게 가늘어져 갔다. 그럼에도 우리는 믿음을 붙잡고 기적적으로 아기가 나을 것이라는 기대를 놓지 않았다. 하지만 어느 때부턴가 아기가 낫는 것이 하나님의 뜻이 아니라면 하루빨리 데려 가셔서 고통에서 놓아지기를 기도했다.

마지막 순간에 우리의 작은 아기는 그 어느 때보다 크게 눈을 뜨고는 마치 이 세상 사람 같지 않은 맑고 반짝이는 눈빛으로 우리 부부를 한동안 바라보았다. 두 눈에는 아무런 슬픔도 고통도 어려 있지 않았다. 오히려 딴 세상에서 보낸 소식, 기쁨의 소식을 우리에게 전하고 있는 듯했다. 아기는 말로서는 아무것도 표현할 수는 없었지만 두 눈은 그리스도와 함께 하는 천국의 광채와 형언할 수 없는 기쁨을 증거하고 있었다.

이런 눈빛을 머금고 우리의 사랑스러운 아기는 우리 곁을 떠났다. 하지만 우리는 아기의 그 영롱한 눈망울을 언제까지나 잊지 못할 것이다.

에필로그

　누군가 죽음을 맞이하는 순간, 영원은 그의 문을 두드린다. 하지만 죽음의 순간에만 그런가? 지금도 영원은 우리 모두의 마음 문을 두드리고 있는 것이 아닐까? 우리가 늙었다거나 병들었다면 그것을 쉽게 납득할 수 있을 것이다. 하지만 한창 때의 건강한 사람들에게는 그것이 쉽지가 않다. 젊은 사람들은 죽음을 오래오래 행복하게 살고 싶은 꿈을 방해하는 부정적인 훼방꾼으로 이해한다. 하지만 우리가 죽음을 배제시키고 덮어놓을지라도 아침에 눈을 떴을 때 앞으로 우리가 십 년을 더 살지, 며칠밖에 살 수 없을지 아무도 모르는 일이다.

　삶에 안주하고 있는 우리의 바로 옆에서 질병과 죽음이 기웃거리고 있다. 조셉 콘라드Joseph Conrad가 말하듯이, 좋든 싫든 우리의 남은 날은 얼마 되지 않고 마지막 말, 마지막 사랑의 말, 우리의 소망과 믿음과 후회의 말을 할 시간이 없을지도 모른다.

　죽어가는 사람을 지켜보는 경험은 언제나 마음을 뒤흔들어 놓는다. 하지만 죽음은 마지막이 아니다. 만약 죽음이 최종적인 것처럼 보인다면 그것은 우리가 너무 죽음의 두려움에 집중해 있기 때문일 것이다. 달려오는 자동차의 불빛에 꼼짝 못하고 얼어붙는 동물처럼 우리도 죽음의 공포에 너무 질려서 영원한 생명의 약속을 잊어버리고 사는 것이다. 이 점을 본훼퍼Bonhoeffer는 정확하게 경고하고 있다.

> 사람들은 사망Death 자체보다는 죽어가는Dying 행위에 더 관심을 쏟는 것 같다. 사망 자체를 정복하는 것보다는 죽어가는 기술을 배우는 데 더 관심이 있다. 소크라테스는 이 죽는 Dying 기술에 있어서 대가라 말할 수 있다. 하지만 그리스도는 최후의 적인 사망death을 이기셨다. 이 둘 사이에는 큰 차이가 있다. 전자는 인간의 역량으로 가능한 영역 안에 있는 것이고, 후자는 부활을 의미하는 것이다. 이 죽음의 기술ars moriendi로는 우리 현 세상을 정화하는 새바람을 불게 할 수 없다. 그리스도의 부활만이 그것을 할 수 있는 유일한 것이다. 유명한 아르키메데스의 도전—"충분히 긴 지렛대와 서 있을 자리를 주면 지구를 들어 올릴 수도 있다"—에 대한 답이 여기 있다. 소수의 사람일지라도 이 부활의 능력을 참으로 믿고 삶에서 구현해 낸다면 엄청난 변화가 있을 것이다. 부활의 빛 가운데 산다는 의미가 바로 이것이다.

히틀러에게 굴복하지 않고 태연하게 교수대로 올라갔던 이 현대의 순교자가 보여준 용기가 어디서 나왔는지를 이 말

속에서 발견할 수 있을 것 같다. 그의 말 속에는 또 하나 중요한 지혜가 담겨 있다. 죽음의 공포를 이길 수 있는 유일하면서도 가장 좋은 길은 죽음이 곧 삶의 끝이 아니라는 태도로 사는 것이다.

거창한 것같이 들리지만 사실은 매우 간단하다. 그것은 우리 자신을 위해 살고 싶은 욕망을 내어 던지고 다른 사람을 위해 사는 것이다. 그것은 탐욕을 버리고 아낌없이 나눠 주는 것이다. 부와 권력을 추구하지 않고 검소하게 사는 것이다. 무엇보다도 끊임없이 우리 자신과 자신을 위하는 의견이나 계획에 대하여 내려놓는 태도로 사는 것을 의미한다.

또한 사랑을 위해 산다면 행복이 우리 것이 될 수 있다. 여기서 사랑이란 단지 감정적이거나 거창하고 추상적인 이상ideal이 아니라, 예수님이 말씀하시는 삶을 바꾸는 힘을 말한다.

> 내가 주릴 때에 너희가 먹을 것을 주었고 목마를 때에 마시게 하였고 나그네 되었을 때에 영접하였고 헐벗었을 때에 옷을 입혔고 병들었을 때에 돌보았고 옥에 갇혔을 때에 와서 보았느니라(마태복음 25:35~36).

사랑은 눈에 보이고 손에 잡히는 실재reality다. 사랑은 열정이나 헌신에서 나오기도 한다. 또 사랑은 수고와 희생을 치러서 힘겹게 얻는 열매일 때도 있다. 우리가 사랑을 위해 살지 않는다면 죽음이 찾아왔을 때 확신 있게 맞을 수 없을 것이다. 우리가 마지막 숨을 거두어 영혼이 하나님을 만날 때, 하나님께서는 우리에게 얼마나 많은 것을 이루었냐고 물어보시지 않을 것이다. 대신 하나님은 우리가 충분하게 사랑했는지를 물으실 것이다.

나의 고모할머니가 결핵으로 죽음을 앞두고 있을 때, 한 친구 분이 고모할머니에게 마지막으로 한 가지 소원이 있으면 말해 보라고 했다. 고모할머니는 이렇게 대답했다. "더 많이 사랑하고 싶을 뿐이야." 우리가 사랑으로 산다면 죽음의 순간에 하나님이 주시는 평안을 경험하게 될 것이다. 그리고 아무런 두려움도 없을 것이다.